学生行为心理与教育对策

主 编◎陈建洪

天津出版传媒集团

天津教育出版社
TIANJIN EDUCATION PRESS

图书在版编目（CIP）数据

学生行为心理与教育对策/陈建洪主编. — 天津：
天津教育出版社，2024.1
ISBN 978-7-5309-9054-4

Ⅰ.①学… Ⅱ.①陈… Ⅲ.①中小学生—心理健康—
健康教育 Ⅳ.①G444

中国国家版本馆 CIP 数据核字（2023）第 255074 号

学生行为心理与教育对策
XUESHENG XINGWEIXINLI YU JIAOYUDUICE

出 版 人	黄　沛
主　　编	陈建洪
选题策划	吕　燚
责任编辑	靳潇林
装帧设计	郝亚娟

天津出版传媒集团
天津教育出版社

出版发行　天津市和平区西康路 35 号　邮政编码　300051
　　　　　http://www.tjeph.com.cn

经　　销	新华书店
印　　刷	天津融正印刷有限公司
版　　次	2024 年 1 月第 1 版
印　　次	2024 年 1 月第 1 次印刷
规　　格	16 开（710 毫米×960 毫米）
字　　数	200 千字
印　　张	12
定　　价	46.00 元

前 言

  经济的发展，社会的进步，使人们在获得优裕的物质生活的同时，也产生了诸多的心理问题。尤其是中小学生面对良莠不齐的信息冲击，或因家长忙于生计而被忽视、被遗忘，或因家长过度关注、过度宠爱而产生窒息感和被控制感，或因家长之间的矛盾而缺失安全感与归属感……伴之而来的是诸多行为及心理问题：厌学、叛逆、欺凌、焦虑、抑郁、强迫、成瘾以及早恋。

  面对学生出现的这些问题，教师应该怎样做，才能给学生强有力的支持和帮助，使其身心健康地成长呢？因此，我们组织相关专家和富有丰富工作经验的班主任、教师编写了本书，通过八个专题 24 个主题，用理论和案例相结合的方式，分别介绍了学生厌学、叛逆、欺凌、焦虑、抑郁、强迫、成瘾以及早恋等行为问题和与之相对应的教育对策。

  专题一：厌学行为心理及对策。本专题紧扣学生厌学这一问题行为，分别介绍了厌学行为的典型表现，分析了厌学行为背后的心理，并有针对性地提出应该运用哪些科学策略，化"厌"为"喜"，引导学生走出厌学的阴霾。

  专题二：叛逆行为心理及对策。学生叛逆行为的背后是自以为成熟的错觉和孩子气行为之间的矛盾心理。本专题围绕学生的叛逆行为，围绕典型表现，分析行为背后的心理，在读懂学生心理的基础上，提出一系列科学的教育对策，以促进学生健康成长。

  专题三：欺凌行为心理及对策。近年来，学生欺凌行为在校园内频发，进而引发校园事件，甚至成为社会问题。本专题列举了学生欺凌行为的类型及典型表现，分析这些欺凌行为背后的心理，提出相应的教育对策，以及不同类型的欺凌行为的应对之策，守护学生的身心健康。

  专题四：焦虑情绪心理及对策。随着社会的发展，越来越多的心理问题浅龄化。焦虑这一常见于成年人的行为及心理，也在青少年学生中有所表现。本专题从识别学生焦虑情绪的典型表现入手，分析情绪背后的心理，并基于不同类型的焦虑给予科学的应对和处理策略，以助力学生健康成长。

专题五：抑郁情绪心理及对策。近年来，情绪抑郁在学生中存在的比例不断增长，本专题从学生抑郁情绪的典型表现入手，分析学生抑郁情绪产生的心理原因，有针对性地提出预防抑郁情绪发生的策略，提出科学的应对策略，以期帮助学生走出抑郁情绪。

专题六：强迫行为心理及对策。当前，一些中小学生出现的强迫行为，提醒教师要看清强迫行为背后的心理问题，关注学生的心理健康。本专题具体分析了学生强迫行为的表现，以及强迫行为背后的复杂心理，并立足学生的身心健康，提出科学的引导和应对策略。

专题七：成瘾行为心理及对策。中小学生存在的精神成瘾行为和物质成瘾行为对其身心健康造成了严重的影响。本专题从介绍什么是成瘾行为、成瘾行为的典型表现入手，分析了青少年成瘾行为背后的心理原因，并给出科学的教育策略和行之有效的干预方法。

专题八：早恋行为心理及对策。早恋不仅会让学生的学习受到影响，也可能使学生的判断变得不明晰，甚至陷入情感的误区中。本专题从早恋行为的典型表现入手，分析早恋现象传达的信息，并给出应对和处理学生早恋行为的方法与策略。所谓法无定法，青少年学生是成长中的群体，其成长中面临着诸多变化的因素。希望本书为"人类灵魂的工程师"、学生成长的导航员——教师，提升专业知识与水平，用自己的专业知识和深厚的师爱，为迷失的学生点亮心灯，照亮其前行的道路，提供些许助力！

目 录

专题一　厌学行为心理及对策

中国青少年研究中心的一项调查表明，目前有70%以上的孩子有不同程度的厌学心理。"爱学是万善之源，厌学是万恶之源。"因为厌学，学生逃学、辍学现象不断出现，继而引发一系列的校内外暴力事件，给学生及家庭带来不安和痛苦，给学校教育教学造成困扰，也给社会发展带来压力。

主题1　厌学行为的典型表现／002

　　一、轻度疲倦／002

　　二、中度厌倦／004

　　三、高度厌倦／005

主题2　"厌"的是什么——厌学行为的心理分析／007

　　一、心理发展／007

　　二、心理原因／008

主题3　化"厌"为"喜"，只需这几招／012

　　一、科学指导，调整认知／012

　　二、给予关爱，建立情感联结／016

　　三、创造机会，锻炼意志／018

　　四、行为塑造，激活动力／022

专题二　叛逆行为心理及对策

　　学生叛逆行为的背后是自以为成熟的感觉和孩子气行为之间的矛盾心理。基于这种心理，学生会做出许多"标新立异"甚至"唱反调"的行为，对其健康成长造成一定程度的影响。读懂学生叛逆行为的心理因素，采取科学的对策，可以促进学生健康成长，使之少走弯路。

　　主题1　叛逆行为的典型表现 / 028

　　　　一、叛逆，成长的信号 / 028

　　　　二、叛逆行为的典型表现 / 029

　　主题2　渴望被看到，叛逆背后的心理 / 034

　　　　一、叛逆的心理特征 / 034

　　　　二、叛逆心理产生的原因 / 036

　　主题3　这样做，化解学生的叛逆行为 / 040

　　　　一、看到真相，巧妙化解 / 040

　　　　二、巧妙引导，科学处理 / 042

　　　　三、创设环境，合理疏导 / 045

专题三　欺凌行为心理及对策

　　近年来，学生欺凌行为在校园内频发，进而引发校园事件，甚至成为社会问题。这些看似小打小闹的欺凌行为的背后，牵连着几个甚至一群学生的健康成长。教师要明确这些行为的典型表现，分析其行为背后的心理因素，进而科学应对，守护学生的身心健康。

　　主题1　欺凌行为的典型表现 / 050

　　　　一、欺凌行为的典型表现 / 050

二、欺凌行为的典型特征 / 053

主题2　投射，欺凌背后的心理 / 056

一、欺凌行为的原因 / 057

二、投射，欺凌背后的心理 / 060

主题3　应对欺凌行为，教师这样做 / 063

一、细心观察，及时预防 / 063

二、科学引领，做好应对指导 / 066

专题四　焦虑情绪心理及对策

随着社会的发展，越来越多的心理问题呈现浅龄化。焦虑这一常见于成年人的情绪及心理，也在青少年学生中表现出来。学生一旦与焦虑结伴而行，就会产生恐惧等负面情绪，从而不同程度地影响学习与生活。教师要识别学生的焦虑行为，分析其心理因素，引导其科学应对和处理，助力学生健康成长。

主题1　焦虑情绪的典型表现 / 072

一、学习焦虑 / 072

二、社交焦虑 / 075

三、青春期焦虑 / 076

主题2　不同焦虑情绪的心理分析 / 078

一、学习焦虑背后的心理 / 078

二、社交焦虑的心理分析 / 081

三、青春期焦虑的心理分析 / 084

主题3　分清类型，科学处理学生的焦虑 / 085

一、学习焦虑的处理 / 086

二、社交焦虑的处理 / 090

专题五　抑郁情绪心理及对策

一项针对 537 名学生进行的"学生抑郁情绪及其影响因素"的调查结果表明，137 人的抑郁情绪测试得分超过正常水平，占 25.14%。可见，情绪抑郁在学生中所占的比例不低。教师要明确学生情绪抑郁的典型表现，清楚其背后的心理因素，采用科学的方法与措施帮助学生走出抑郁情绪。

主题 1　抑郁情绪的典型表现 / 096

一、抑郁心理与抑郁情绪 / 096

二、学生抑郁情绪的表现 / 097

主题 2　抑郁情绪的心理分析 / 099

一、错误的认知 / 099

二、孤独敏感的个性 / 101

三、内向自卑的性格 / 102

主题 3　科学应对，助学生脱离抑郁状态 / 103

一、引导学生正确地认识自我 / 103

二、指导方法，调整身心 / 108

三、家校结合，助力成长 / 111

专题六　强迫行为心理及对策

见到水龙头就去洗手，就算是洗到手红肿，还在洗；写好的作业，擦掉、重新写，再擦掉、重新写，不停地反复，怎么劝说也不听；不断地往家里捡垃圾，甚至家长发怒也不停止……这些强迫行为无不在提醒教师，厘清学生强迫行为的心理因素，科学引导和应对，才能预防强迫症的发生。

主题 1　强迫行为的典型表现 / 114

一、强迫行为和强迫症 / 114

二、学生强迫行为的典型表现 / 116

主题2 强迫行为背后的复杂心理 / 121

一、完美型人格 / 121

二、安全感的缺失 / 123

三、不合理信念的影响 / 125

主题3 解除强迫行为，教师这样处理 / 128

一、巧用策略走出完美误区 / 128

二、家校合作，提升安全感 / 132

三、专业助力，解除强迫行为 / 134

专题七 成瘾行为心理及对策

从社会大环境来看，青少年面临着网络和游戏等各种成瘾性问题的挑战。这些成瘾行为会对青少年的身心健康造成极大的危害。教师要明确青少年成瘾行为的典型表现，分析其背后的心理因素，科学干预，引导青少年控制、转变乃至消除这类行为。

主题1 成瘾行为的典型表现 / 138

一、认识成瘾行为 / 138

二、成瘾行为的表现 / 141

主题2 成瘾行为的心理分析 / 145

一、外因引发的心理问题 / 145

二、内因引起的偏差 / 149

主题3 科学干预，应对学生的成瘾行为 / 151

一、加强宣传，提升认识 / 152

二、组织活动，丰富生活 / 155

三、营造氛围，科学矫治 / 157

专题八　早恋行为心理及对策

早恋是一种失控的行为，是一种学生在青春期的理想观、价值观的暂时迷失，是一种不规范的、具有反叛性的思想和心理品质。教师只有明确学生早恋行为的特征，分析其背后的心理因素，才能采用恰当的方法与措施，给予早恋的学生以科学的引导。

主题1　早恋行为的典型表现 / 166

一、早恋的类型 / 166

二、早恋的典型表现 / 169

主题2　缺失的爱，早恋传达的信息 / 171

一、青春期叛逆 / 172

二、青春期半熟心理 / 173

三、爱与归属感的需求 / 174

主题3　这样处理，正确引导学生的早恋行为 / 175

一、强化教育 / 175

二、给予科学引导 / 177

三、家校结合 / 180

后　记 / 181

专题一
厌学行为心理及对策

　　中国青少年研究中心的一项调查表明，目前有70%以上的孩子有不同程度的厌学心理。"爱学是万善之源，厌学是万恶之源。"因为厌学，学生逃学、辍学现象不断出现，继而引发一系列的校内外暴力事件，给学生及家庭带来不安和痛苦，给学校教育教学造成困扰，也给社会发展带来压力。

主题 1

厌学行为的典型表现

厌学，简言之就是讨厌学习，心理学上通常称为学习倦怠，是指学生因为在学习过程中产生不良感受而对学习不感兴趣，继而产生对学习的厌倦情绪和冷漠态度，以及对进入学校、班级表现出强烈的抵触情绪。根据厌学行为程度的轻重，可以分为如下三种典型表现。

一、轻度疲倦

这是学生厌学程度较浅的体现，属于学习过程中普遍存在的一种负面情绪，主要表现为思想上的抗拒，很多学生在学习过程中都会出现这种状态。典型表现是厌倦听课、上课走神儿、睡觉、拖延作业等。

1. 拖延完成作业

此类情景教师们可能都相当熟悉。

"把你的作业本拿给老师看看。"

"我忘在家里了。"

"那你完成了吗?"

"我已经做完了。"

"那我们打个电话请你妈妈把作业送过来吧。"

"不记得妈妈的电话号码了。"

"老师这里有号码，你打吧！"

（沉默了一阵子）"昨天的作业我没有做。"

"那你刚才怎么说忘在家里了呢？"

"……"

"你为什么不做作业？"

"我忘记了。"

"你放学这段时间去干什么了？作业是让你放学这段时间做的，而且作业也不多，其他同学都能够做完，只有你总完不成。开学这么久了一直这样，你以后要按时完成作业……"

当学生做作业总是拖拖拉拉，你和他讲道理，强调作业对学习的重要性，他当面保证一定改正，下次一定做完，可是到了下次依旧不写，哪怕当天的作业只有 3 道题，他也不会翻开作业本写作业。你罚他补写、多写，甚至当面批评他，但他就是改不掉这个毛病。此时，你要注意，学生可能出现了厌学的情况。

2. 厌倦听课

下述案例，是小学、初中常见的现象。

二年级学生小林，每当上课的时候，就在座位上扭来扭去，小动作多，玩玩手指头，动动铅笔，或不时地跟同学交头接耳。即使有领导和老师来听课，他也没办法控制自己。如果老师提醒或批评他，他也不会和老师顶嘴，而是干脆趴在课桌上睡觉。除此之外，他做作业不认真，粗心大意，每次做作业不是拖很长时间，就是丢三落四，课堂练习只要多做一会儿就会不耐烦，注意力不集中，常常拖到最后才交。

一堂课的标准时间一般是 40 分钟，学生在课堂上偶尔出现溜号、开小差的情况属于正常，倘若有的学生经常性地上课睡觉、玩铅笔、玩橡皮，抠抠耳朵、摸摸鼻子、玩手指、发呆等，那么这些行为的背后就是反映出学生对学习的厌倦。

二、中度厌倦

当学生以具体的行动表现出对学习的厌倦，即将思想上的抗拒付诸实际行动时会出现上课经常迟到、旷课以及不尊重老师和同学等影响人际关系的行为，作为教师就要注意，学生在用这些行为提醒你，他（她）正处于对学习的中度厌倦状态中。

1. 旷课逃课

旷课，指学生无缘无故找不正当的理由而不去学校上课。所谓逃课，苏联心理学家季亚钦科将其定义为"学生在未请假的情况下，没有按照既定时间和地点上课的一种旷课行为"。以上是中小学生尤其是初高中生厌学的一种常见不良现象。

学生马辉在高一入学时，学习态度相当认真，不但上课认真听讲，而且积极参与课堂活动，学习劲头十足。高二开始后，随着学习难度的增加，马辉上课的状态开始不佳，他上课开始睡觉，不认真听讲，作业也开始应付，甚至在高二下学期开始旷课、逃课。经过数次教育后，他的认错态度较好表示要改正，但没过一两周，几次与家长闹情绪，之后又开始旷课、逃课，有时甚至和同学、老师发生冲突。老师惊讶于他的变化，和家长沟通后，得知马辉的父母最近生意出了点状况，家里的经济状况发生了巨大的变化。进入高二后马辉的成绩不理想，父母对马辉的态度比较粗暴，家中经常发生冲突，马辉的父亲甚至几次对他进行打骂。

案例中学生的突出表现就是旷课、逃课，甚至后面还和同学、教师发生冲突，这些都是厌学的表现。

2. 人际冲突

当学生的厌学情绪处于中度状态时，除了旷课、逃课，他们还会在人际关系上出现问题，常见的就是和同学、教师、家长发生冲突。

学生马某是某重点高中的学生。初中时，马某在镇中学一直成绩优异，且中考成绩在班级的排名也相当靠前。进入这所重点高中后，马某看到身边的同学都那么优秀，感到极有压力。因此入学后的几次考试他再也找不到初中时的优越感，开始慢慢失去信心，产生了严重的自卑感。逐渐地，他开始对学习得过且过。在小组项目学习中因为与同学配合的问题，受到大家的批评，他甚至和同学大吵一架，之后连续几天旷课，直到老师找到他的家长，共同为他做思想工作，他才再次回到班级。但没过多久他又开始逃课，任课老师为此找他谈话，他不但不听还顶撞老师，扬言自己的人生自己做主，学习是自己的事儿老师管不着。

这个案例中，马某和同学、教师之间的冲突，都是因为厌学行为引发的，这也是厌学情绪处于中度状态时的常见表现。

三、高度厌倦

学生的厌学心理及行为并非是一日间产生的，必然经历了从低到高的发展过程。当学生的厌学情绪进入严重状态时，他们不但对学习充满恐惧，同时在心理上感到自卑，继而不愿意或不敢面对同学和教师，不想回学校，并经常性地出现停课或辍学的行为。

1. 回避学校

在下述案例中，我们暂且不管是什么原因导致李刚上课总迟到，总说上课很累，不想上学，但这些行为明显就是回避学校的表现，反映出他对学习的高度厌倦，是厌学行为的表现。

　　某学校高三教室，当李刚敲门进来时，老师明显感觉到他的情绪低落。最近一段时间，李刚总是迟到。课后，老师找他谈话，了解到他按时到了学校，可在教室门外徘徊了很久，老师隐约感觉到有什么事情。还没来得及给他的父母打电话询问情况，他的母亲已经急切地找到老师，说李刚近来很反常，总说上学很累，不想上学，希望老师能帮助他。老师很吃惊，因为李刚学习一直都很努力，是班上成绩中等的学生。他身材高大，喜欢打篮球，球技也好，在学校还小有名气。究竟发生了什么呢？

　　学生出现高度厌学情绪的原因是较为复杂的，我们在后面会加以分析。此处需要提醒的是，一般来说，学生在表现出回避学校的行为时，通常会伴随相应的语言表现，比如多次说"上学很累""不想去了"，做作业时脾气很大，或者在考试前明显地出现焦虑不安等情绪。于学生而言，此时学校的环境会让其产生较大的负性刺激，因此他们会下意识地躲避学校这一特定的环境。

2. 辍学停课

　　在下述案例中，小欣出现的辍学和离家出走的行为，就是回避学校的表现，也是高度厌学的表现。

　　小欣是一名初三学生。从小到大，无论是在学校还是在家中，她一直是家人和老师的宠儿。学习成绩的优异让她产生了较高的优越感。初三时，这种状况发生了变化。原来，小欣的父母因为长期的矛盾，在这一年隐瞒她离了婚，小欣无意中发现了，她的情绪因此受到严重影响，无法专注学习。期末考试时，她的成绩前所未有的糟糕，这再度沉重地打击了她。她开始自暴自弃，不愿意上学，连续旷课，在校外徘徊，老师多次找她谈话，效果不佳。老师和家长联系，双方共同为她做开导工作，她向家长大发脾气，还责备老师多管闲事。最后，她甚至辍学，离家出走。

从案例中可以看到，小欣的表现已经不是迟到或早退的简单行为，而是伴随着和家长、教师的冲突，继而辍学，甚至离家出走。

主题 2

"厌"的是什么——厌学行为的心理分析

中国青少年研究中心与北京师范大学教育系曾在全国做过一项有关中小学生学习与发展的大型调查，发现因"喜欢学习"而上学的初、高中生占比分别仅为10.7%和4.3%。究竟是什么原因导致学生对学习产生厌学行为呢？这些行为背后隐藏着怎样的心理呢？

一、心理发展

于学生而言，厌学并非天生就有。儿童心理学的研究表明，探知未知世界是儿童的天性。因此，每一个个体都是带着学习和探索的欲望来到这个世界的。幼儿园和小学一二年级几乎不存在厌学问题，随着年级的升高，厌学现象逐渐增多。观察发现，即使厌学的学生也并非都不喜欢学，他们只是对某一学科的学习产生厌倦。由此可见，厌学行为的产生是学生在走进学校生活后逐渐形成的。具体来说，厌学心理的产生会经历以下四个阶段。

1.焦虑

这一阶段学生因为没能实现预期的目标而产生冷淡和焦虑心理。此处的预期目标包括考试达到预期的目标，在课堂上得到教师和同学的尊重，回答的问题得到教师的肯定，作业能顺利完成等。一旦这些目标没能实现，尤其是当学生将这些目标当作学习的需要时，他们就会产生焦虑情绪，内心感到不安。这时，学生虽然出现了这样的焦虑情绪，但这种适度焦虑反而使其产生了学习的动力，促使其不断努力改变现状。

2.怀疑

一旦预期目标反复无法实现，学生的焦虑情绪就会频繁出现，且程度加重，学生就会进入自我怀疑阶段。这种怀疑表现为对自己学习能力的怀疑，认为自己学不会。不过，此时学生只是怀疑，并未丧失信心。但这一阶段的每一次挫折都会造成其情绪波动，使之在怀疑自己学习能力的同时，逐渐对学习失去兴趣，甚至对教师、同学产生不满、敌视等不良情绪。

3.恐惧

处于怀疑阶段的学生倘若能获得成功，比如达到预期目标，那么其学习的信心就会增加；倘若经过努力，预期目标仍不能实现，那么学生的学习心理就会由怀疑转入恐惧。这种恐惧表现为因为上课听不懂而害怕上课，甚至一听"学习"二字就头痛。

4.自卑

当学生开始对学习产生恐惧心理，对学习失去兴趣，甚至出现上课睡觉、搞小动作等逃避学习的行为时，代表他们已经进入自卑心理状态。他们会将学习上的失败完全归结到自己的身上，开始否定自己，进而彻底丧失学习信心。所谓哀莫大于心死，学生会在这种心理的作用下逐步放弃自己，从否定自己的学习能力发展到否定自己的一切，自暴自弃，进而做出逃学、辍学、打架斗殴等不良行为。

二、心理原因

心理学研究表明，个体心理健康状况受其自身内在特征和所在环境两个方面因素的影响，即个体的心理问题是非智力因素及教育环境造成的。学生的厌学心理和行为的产生，虽然始于预期的学习目标无法实现，伴随着学习上的挫折和失败而发展，但并非说明其在智力上存在问题，最根本的原因在于其心理状态出现了问题。这种不良心理状态随着学习上的困难和挫折越积越多而越来越严重，最终致使学生做出放弃学习，甚至放弃自己的行为。

1. 非智力因素

非智力因素，是指不直接参与认知过程的心理因素，包括情感、意志、性格、兴趣等方面。导致学生厌学心理产生的非智力因素包括学习动机、学习兴趣、学习策略和抗挫折能力等。

（1）从学习动机来看，学生之所以产生厌学心理，与其学习动机不足有关。

三年级学生小阳，身体健康，头脑聪明，活泼好动，是全家人的掌中宝。自上学以来，全家人都围着他转，甚至为他许诺很多条件。例如，平时考试多少分奖励什么玩具，期末考试进入多少名给多少钱……诸如此类的条件使小阳觉得自己就是为了爷爷奶奶、爸爸妈妈学习的，因此动辄耍小脾气。三年级上学期，爷爷中风，奶奶的精力全放在爷爷身上；爸爸又到外地工作，妈妈对他的照顾难免会有疏忽。小阳觉得待遇大不如前，开始对学习越来越不上心，作业不认真完成，上课搞小动作。老师找他谈话，他理直气壮地说："我为什么要学习？都是他们让我学的，现在他们不按之前的条件给我奖励，学习又有什么意义？"

和案例中的小阳一样，大多数学生之所以出现厌学行为，源于学习动机的缺失。具体来说，学习动机不足表现为无成就动机。所谓成就动机就是个体以较高的标准要求自己在自认为重要且有价值的工作方面达到完美状态。具有这种动机的学生会刻苦努力，战胜学习中的种种困难和障碍，进而取得优良成绩。相反，没有成就动机的学生，则对学习没有需求和欲望，无法产生学习的动机，进而限制个人的努力以及获得成功的可能性。表现在学习上，学生会不在意学习的好坏，没有成就感，没有抱负和期望，对学习基本上采取放任的态度，平时萎靡不振，懒散、拖沓，将主要精力放在与学习无关的事情上，缺乏奋发向上、刻苦学习的原动力。

（2）就学习兴趣来看，学生产生厌学心理，与缺少学习兴趣有关。

兴趣并非与生俱来，有其产生、发展和形成的完整过程。个体的兴趣在形成过程中，受阅历、知识、对事物的认知能力的影响。青少年学生正处于成长阶段，其兴趣表现出明显的动摇性和不稳定性，一旦出现强烈的干扰因素，其兴趣就会转移到其他方面，如电子游戏、不良的社会活动等。当兴趣转移后，他们自然会讨厌学习、抗拒学习，荒废学业。

（3）学习策略不当或缺失也是导致学生厌学的原因

学习策略是学习者为了提高学习的效果和效率而有目的、有意识地制定与学习相关的方案，是有效学习所必需的。个体因个性、智力等存在或大或小的差异，学习策略也不完全相同。如果学生在学习过程中找到适合自己的、行之有效的策略，那么其学习效率就会高，学习效果自然就好。一项调查表明，如果学生不能掌握良好的学习策略，就会在上课时对老师讲的内容产生似懂非懂的感觉，会出现走神儿或根本听不懂的情况，进而产生抄作业、不交作业等行为，甚至产生"我基础差，学习吃力，即使努力了也不会有多大进步"等负面情绪。这样一来，学生就会在预期目标无法达到，或学习障碍无法克服时产生焦虑情绪，感到自尊心受辱、自信心受挫，内心产生强烈的失败感、内疚感，从而处于紧张不安、焦虑恐惧的情绪状态中。而这些负面情绪又会阻碍其学习，最终陷于恶性循环之中。

（4）抗挫折能力不强也是学生厌学心理产生的原因

抗挫折能力是个体在面对挫折、失败、困难等情况时保持积极的心态和行动，进而逐渐适应、调整并克服困境的能力。它是个体的内在素质，是在个体成长过程中逐渐形成的。每个学生的内心深处都存在着强烈的学习愿望，然而学习是一项长期而艰巨的工作，如果学生在平时没能培养出独立应对挫折的能力，坚持性差，意志力薄弱，那么在遇到困难时就会产生退缩心理和行为，懒于动脑，懒于想办法解决问题。长期下来，学生在学习上得不到良好的体验，自然会产生厌学情绪和心理。

2. 教育环境

学生的非智力因素的形成又受什么影响呢？这与学生所处的教育环境有关，包括家庭环境、学校环境和社会环境。

（1）从家庭的角度来看，父母的教养态度、教养方式，以及家庭的学习环境等会对学生的学习产生重要的影响

如果家长存在"学习无用论"等的思想，受其影响，学生对学习自然无法产生过高的兴趣；如果家庭中父母关系差，经常争吵，那么孩子自然无法形成正常的情感和心理需求，也自然无法安心地学习，更谈不上对学习兴趣的形成和保持；如果家长对孩子存在过高的期望，远超孩子的实际水平，那么孩子也会因为心理压力过大，最终无法承受而消极对抗，进而产生厌学心理和行为。

（2）从学校的角度来看，教师的教学理念和教学技巧、师生关系等均会不同程度地影响学生的学习

如果教师能持有科学的教学理念，正确地认识到学生在学习中存在的问题，并给予科学指导，如学习策略的指导、挫折心理的疏导，对学生在学习中遇到的问题能够给予足够的重视，对学习困难的学生给予更多的心理支持，形成良性的学习环境和良好的人际氛围，就会对学生的学习心理产生积极的影响，避免学生厌学心理的产生。反之，则促成学生形成厌学心理，产生厌学行为。

（3）从社会层面来看，当社会环境对学习不重视时也不可避免地影响到学生的学习

当前，社会上存在诸如"学习无用论"、拜金主义思想、享乐主义倾向和不良风气，学生也会因此对学习失去兴趣，久而久之就会产生厌倦感。同时，当前就业形势严峻，高学历者待业现象随处可见，即使学习成绩好的学生也不一定能找到好的工作，学习成绩、学历与就业水平不成正比，也让部分学生对未来缺乏

信心，失去学习的目标和动力，甚至开始怀疑学习究竟有什么用处，从而对学习失去兴趣，产生厌学心理。

主题3

化"厌"为"喜"，只需这几招

厌学对学生的危害极大，不仅会导致其学习效率下降，还会对其生理、心理健康造成极大的危害，存在厌学心理的学生会产生认知偏差、情绪情感比较消极悲观等行为；更为严重的是，学生厌学还会引发一系列的社会问题，诸如因厌学而引发的一系列未成年人犯罪事件，进而危害社会和人民。因此，教师要剖析学生的心理，运用科学的策略，化"厌"为"喜"，引导学生走出厌学的阴霾。

一、科学指导，调整认知

如前所述，学生厌学，是非智力因素和教育环境多重影响的结果，即内外因素共同作用下对认知能力的影响。认知能力是个体对事物认识的清晰程度和掌握事物本质的深浅程度。因此，要想化"厌"为"喜"，首先要帮助学生，提升认知能力，因为认知能力决定了学生对真实世界的了解。

1. 形成正确的自我认知

自我认知是指个体可以客观地认识和评价自己的能力水平、优点缺点、长处短处、性格特征。个体如果能对自己有一个客观的评价和认识，就能合理定位，确定适合自己的目标，进而在人际关系中合理比较，发挥自己的长处，取长补短，避免焦虑。因此，帮助学生形成正确的自我认知，对于避免厌学情绪的产生相当重要。

教师可以利用学校教育这一便利条件，借助于主题班会或学科教学活动的机会，组织学生进行相应的讨论或活动，让学生在活动中体悟，在讨论中加深认知，正确认识自己，形成正确的自我认知。

1. 导入活动

师：学生王伟是一个爱劳动、懂礼貌的孩子，只不过在学习成绩上表现一般，因此他总是对自己缺乏信心，总觉得自己不是老师心目中的好学生、同学心目中的好伙伴。如果他是你身边的同学，你将如何看待他呢？你会怎样帮助他呢？

（四五名同学发言，老师根据学生发言的情况，引出了解自己的优点的重要性）

师：同学们，不仅王伟同学身上存在许多优点，在座的同学身上同样都有许多优点，让我们来找一找。下面我们来做"找优点"的游戏。

2. 开始游戏

第一步：为自己找优点。两个人为一组，各自讲述自身优点；一个人说的时候另一个人要认真听，并且数一数他说了几条。2分钟后轮换。然后，请学生发言，说说自己有几条优点。

师：通过刚才的游戏我们知道，在较短的时间里要找出自己的优点不是一件容易的事。但是每个人的身上都有优点，只是有些优点你没有发现而已。

第二步：为同学找优点。小组成员发言要有秩序，不发言的成员要认真倾听别人发言；在别人讲述自己的优点时，只需要听，不必表示感谢，也不可因为别人叙述不够准确而做出不应有的行为；数一数同伴为自己找到了几条优点。然后，全班交流：你的同伴为你找到了几条优点？你有什么想法？是否很高兴？你以后将如何做？

师：每个人都有许多优点，我们应该正确了解自己的优点，积极地发掘它，增强对自己的信心。

3. 讨论

事例一：一个因为胖而自卑的女孩，可能对别人挑剔的目光极为敏感，而对别人赞赏的目光非常麻木。

讨论：对于这样的人，你们有何想法？

事例二：小刚和小明因为一件小事打了起来，事情已经过去很长时间，可小明一直记在心里，担心给别人留下坏印象。

讨论：面对这样的问题，你们将如何处理？

4. 总结

师：通过前面的游戏及刚才的例子，我们知道要想正确且全面地认识自己身上的优点是一件非常重要的事，也是不容易的事，所以希望大家今后多发现自己的优点，并发展更多的优点。教给大家一个增强自信的方法，就是对自己说："我是最棒的！我能行！"

这是一位教师为了引导学生形成正确的自我认知所组织的活动。从活动中可以看到，学生借助于游戏和讨论，清楚了自己的优点，找到了与他人相处的方法和技巧，这对于学生很好地认识自己相当重要。

当然，教师在引导学生形成正确的自我认知的过程中，还要注意将目的渗透在活动中，使他们依靠自己的力量去分析和把握自己当前的自己状态，使之清楚地认识自己，进而科学正确地评价自己。一旦发现学生存在厌学心理和行为，教师就要帮助他们找出内因和外因，将二者加以区分，比如是由于学习负担过重、在学校不受重视、家长期望过高等情况属于外因。因为自己在学习方面存在认识上的偏差、学习目的不明确、学习方法不科学等情况属于内因。合理归因，做到不全盘否定自己，避免产生敌视他人的情绪和自卑心理。

2. 给予相应的心理援助

作为人格的核心，自我认知不仅影响着个体的学习和生活，还影响着个体的思维模式和情感的反应模式，还会影响其人际交往和自我人格的构建，决定着个体在遇到障碍或不愉快的经历时，付出多大努力或经历多长时间才能克服。所以，教师要让学生清醒地认识自己的能力及价值，形成良好的自我认知，以便更好地适应现代化社会。教师在借助于不同形式的活动给学生以科学的引导的同时，还要在发现学生已经处于厌学状态时，给予相应的心理援助。

（1）教师可以基于学生厌学的原因，给予针对性的建议

比如，学生是因为家庭气氛紧张或父母给予的学习压力过大、期望过高而产生的厌学问题，那么就可以利用家访或与家长沟通的机会，给予家长科学的建议，让家长在认识到问题的同时，进行家庭治疗。

（2）当发现学生的厌学心理与紧张情绪或消极心理有关时，可以为其提供适当宣泄情绪的机会或情境

比如，创造机会让学生暂时将过重的学习负担放在一边，彻底地放松一下，或是引导其将自己的情绪向信任的老师、父母或者朋友彻底宣泄。

北京某小学二年级班主任雷老师凭借多年的教育教学经验，将音乐作为心理治疗的方法，通过音乐改变人的意识觉醒水平，放松心情、消除焦虑，提高学生的学习效率。她指出，听音乐不需要大的场地，没有条件的限制，容易实施，安全，入门条件低，可以人人参与，普适性强。可以每天早、中、晚根据时辰的变化选取适合的音乐，早晨可以选取积极、欢快、自然的音乐；中午选取高雅、轻松、美好的音乐，以小憩养心；晚上可以选取轻快、和谐、安静的音乐，以安神助眠。结合节气、节日、天气选择，比如在下雪天、刮风天，选择和雪、风相关的音乐。在小年、春节、元宵节，选择充满喜庆的民族音乐。结合学生的年龄特点选择，如有民族音乐、欧美经典，还有动画片里的音乐。选音乐时引导学生积极参与，听听学生的意见，这样可以选出一组学生喜爱的

音乐，每天坚持。

雷老师通过跟踪、调查本班同学聆听的音乐，发现有紧张情绪的学生明显减少，感到轻松的学生大幅增多。在音乐中，学生完全放松心情、放飞想象力，把心中想到的景物都写下来、画出来……通过音乐疗法，学生课间相对安静了，追跑、喧哗的现象少了。学生在学习上踏实了，上课听讲专注了，特别是作业的质量和速度，有了明显的提高。①

（3）当学生的厌学心理相当严重时，教师可以对学生采取积极强化方式进行治疗

比如，让厌学的学生罗列自己的优点，并在此过程中给予肯定和赞许，或者在其取得了些许进步时给予表扬和奖励，及时引导其制定下一步可行的努力目标等。

二、给予关爱，建立情感联结

学生出现厌学心理的因素相当复杂，除了对其进行科学引导，使之形成正确的自我认知，还要注意"攻心为上"，在细心观察、充分了解学生心理活动的基础上，给予关爱，与其建立情感联结，进而用爱激发学生对学习的热爱，减轻学习引发的焦虑。

1. 建立和谐的师生关系

下面的案例中，张老师在找到学生不爱交作业的真正原因（不喜欢老师）之后，对症下药，用自身行动化解了学生对老师的偏见，用爱与之建立情感联结，从而成功地解决了学生厌学背后的问题。

---

① 武文娟. "音乐疗法"让孩子轻松走进校园［N］. 北京青年报，2019－03－10（A09）.

张老师班上的学生王雨，是不做作业的"名人"。一开始，张老师用了好多方法教育他，如找同学和他一块儿写，写好还发给他奖品等，但都失败了。后来，张老师偶然得知，他对老师有不满情绪。

于是，张老师决定让他重新"认识"老师。

张老师决定和他的家长联系，想通过家长的配合来共同教育他，便告诉他放学后自己要去家访。

家访中，张老师没有提起他不做作业的事，只是和家长聊聊家常，让他体会家长的艰辛，同时把他的优点都说给家长听。最后，张老师建议家长多关心他的学习习惯方面的情况，并提了很多建议，家长点头称是。王雨沉默地低下头，心里明白了老师的用意。

第二天，王雨的作业按时交上来了，并在作业下面写道："老师，谢谢您！您是值得信任的老师！"

古人云："亲其师，信其道。"良好的师生关系是教育教学活动取得成功的基础和必要保障，也是学生克服厌学情绪的良方。学生喜欢并信服老师，就会喜欢老师所教的学科，就会信服老师所讲的道理。因此，教师要注意创建良好的师生关系，使之成为消除学生厌学心理的重要方法。

因此，教师要尊重学生在教育教学活动中的主体地位，一是要尊重学生的人格，公平公正地对待学生，以此赢得学生的尊重和信任，使学生乐意合作和接受教育；二是要信任了解、关心爱护学生，使之自觉自愿地释放出所有的潜能，发展其天赋和个性，提升自主意识和能力，达到自我教育、自我践行、自我评价的目标，全面健康地发展；三是在教学中营造民主、宽严有度的氛围，激发学生的主动性、创造性和探索精神，实现教育的终极目标。

此外，建立和谐的师生关系，教师还要塑造和提升自身的人格魅力，做到学高为师，身正为范，努力成为"问不倒、难不倒、气不倒、累不倒"的"四不倒"教师，做学生心目中的偶像，成为学生全面健康发展的引路人，良好道德品质的塑造者。

2. 做好家长的工作

当学生厌学是家庭等因素造成时，教师就要想办法做通家长的工作，让家长配合学校对学生进行教育。尤其是学生厌学情绪的调整和厌学行为的改正需要很长时间，在此过程中，其心理和行为往往会出现反复，如果没有家长的配合，那么问题根本不可能得到解决。

教师要与厌学学生的家长经常保持联系，及时了解学生在家中的表现，对学生的一举一动了如指掌，及时发现学生的厌学情绪和行为，给予相应的引导，避免情绪扩大。当教师与家长"协同作战"，里应外合，共同努力后，学生的厌学情绪就会"无处藏身"，经过双方的共同努力，使学生的厌学情绪在爱的氛围中消除。

三、创造机会，锻炼意志

良好的思想工作是解决学生厌学心理和行为的必要手段，但为学生创造机会，提高学生的抗挫折能力，锻炼并提升其意志品质，也是相当必要的。

1. 给予科学指导

教师要认识到，一些厌学的学生内心清楚是厌学不好的，他们也渴望摆脱这种不良情绪的影响，更希望振奋精神。但由于自身的抗挫折能力低，缺乏必要的意志性格锻炼，于是在现实的学习中就可以看到他们的情绪时好时坏，起伏较大。因此，教师要对处于厌学状态的学生进行相应的指导，比如帮助他们根据自己的实际情况调整期望值和目标，以降低挫折带来的伤害；帮助他们建立正确的自我心理防卫机制，以便在遇到挫折时能找到适当的方法缓解心理紧张。

（1）升华法

所谓升华法，就是在受挫之后奋发向上，将自己的情感和精力转移到有益的活动中，使之升华到有益于社会的高度。山西阳谷县某中学的学生小贺，就是用升华法从厌学心理中走出来的，以641分的成绩考入了北京大学法学院。

小贺在高一的时候，因为成绩不理想，对自己失去了信心，一直处于厌学状态，上课的时候睡觉、聊天、看漫画、吃零食，跟着男生一起大呼小叫。班主任老师看在眼里，急在心上。一次开班会，老师讲了霍金的故事，这个故事唤醒了她心中那熟睡的雄狮，从此她开始踏踏实实地学习。她说："那段时间的我表现得无比耐心沉稳，踏实得像头老黄牛。事实上无数次我都面临崩溃的边缘，高中五本历史书我翻来覆去背了整整六遍。当你把一本书也背上六遍的时候你就知道那是什么感觉了。边背边掉眼泪，我是真的差一点儿就背不下去了，就要把书扔掉了。只是，忍不住的时候再忍一下。坚持的确是世界上最伟大的一种品质。那段时间我唯一的休息方式就是站在走廊里看远处的天空。后来，发现在对面的建筑墙壁上有一行大大的红字，是学校用来激励学生的，正是那句话陪我走过了高三最后的日子——意志的力量，是决定成败的力量。我用我所有的经历和体会去实践而且证明了这句话。"她想，哪怕北大只招一个人，那么那个人一定是她。这一坚定的目标和愿望，最终促成她走进北大。

（2）补偿法

所谓补偿法，就是在原来的预期目标受挫时，改用其他途径抵达目标，或者改换新的目标，让自己获得新的成果，达到"失之东隅，收之桑榆"的效果，以提升自信心。日常学习中，教师可以引导学生在某一学科成绩不利的情况下，看到其他学科的优点；或者在学习成绩不利的情况下，看到个人爱好和兴趣等方面的优点，并在这些方面获得成功，让学生重树信心，进而影响到其薄弱学科的学习信心，最终达到双赢。

2. 组织相关训练

当然，在给予学生科学引导的同时，还要注意教育的方式方法，利用主题班会、活动课等形式，就学生的学习、生活有意识地、有针对性地设置抗挫折活动，向学生传授相关的心理疏导知识，引导学生积极地锻炼自己的意志。

一、主持人随着音乐《回忆悲伤》，提出如下问题

1. 最近一段时间内，有哪些事情比较打击你的自信心？

2. 自进入高中以来，你在学习和生活中遇到的最大的失败是什么？

3. 到目前为止，你认为能够称得上挫折的事情是什么呢？

请把你生命中的挫折、失败、怀疑甚至绝望写在稿纸右边。（几个学生写完后共同分享）请闭上你们的眼睛，把这张写满挫折、失败的纸捧在手心，放在胸口，感受它的重量。

二、发现与讨论

主持人：现在让我们放下那张写满挫折与失败的纸，先看一个关于橄榄球队的故事。

（播放视频1）介绍：《面对巨人》讲述了一位教练如何帮助队员重拾信心与勇气，并用信仰击败恐惧的故事。故事的开头，这个球队一直处于失败的阴影中，教练一直以一种叫"死亡爬行"的方式来训练队员。

主持人：在这段视频的最后，我们看到队员们刚刚爬了10码就已经气喘吁吁。请大家来猜想一下，他们的极限会多少码？（思考时间约1分钟）

播放视频2介绍：10码，我知道，也许你们也可以做到，但是，布洛克却完成了整个球场，110码，并且背着一个72千克的人。布洛克做到了！

主持人：同学们，你们觉得是什么让他完成了这项不可能的任务？请大家讨论。（学生讨论，回答）布洛克之所以完成了这项不可能完成的任务，最根本的原因是他充分地发掘了自身的潜能！

三、欣赏诗歌《天赋潜能》

还有多少奇遇我不曾经历/年轻的梦想浮浮沉沉

青春像阳光下闪耀的钻石/可我怎能忍受岁月徒增

我们把金色的脸庞朝向太阳

我知道/我天赋潜能

四季的雨飞雪飞让我心醉/却不堪憔悴

青春的花开花谢让我疲惫/却不后悔

在那片青色的山坡上/我埋下所有的疼痛

我知道/我天赋潜能

主持人：同学们，我们现在回到现实中。进入高中以后，你们都拥有了新的理想，父母、老师也一定对你们有新的期望，半个学期过去了，你现在觉得自己能实现它吗？理想和现实的差距，是缩小了，还是增大了？

（学生讨论，询问结果，教师作为生活智者，解答疑惑，并引出后面的小游戏）

四、体验与升华

1.主持人：同学们，现在请你们再一次拿出那张写满失败、挫折的稿纸，翻过来，此面朝下，我们一起来做一个小游戏。

游戏规则：首先，估计一下你每分钟拍掌的次数，写在稿纸的左边。然后，尽你最大的努力以最快的速度拍掌，同时在心里默默地记下次数。老师喊开始的时候你们迅速击掌，10秒钟后，老师喊停，立刻停止。最后，在稿纸的右边记下你刚才拍掌的次数，再乘以6，得出你1分钟实际能拍掌的次数。对比左右两边的数字，谈谈你的感受。

同学们，现在你是否相信，就像前面视频中的布洛克那样，在你的身上，也能出现奇迹？（学生回答）没错，怯弱和退缩只能助长挫折与失败的气焰；自信是战胜挫折与失败的有力法宝！

2.主持人：再一次尝试拍掌游戏，而这次你请一位伙伴在旁边为你加油鼓劲。同学们，你愿意给予你身旁的人鼓励吗？你愿意接受你身旁的人的鼓励吗？

（做准备，教师与学生一起游戏，之后向学生公布数字，谈感受：为什么纪录再一次被刷新？你们应该感谢谁？）

A.正如视频中，布洛克的成功离不开教练的激励，在我们的生活中，其实也不缺少这样时刻鼓励我们的教练。我们的父母、老师、身边的朋友，都会给我们加油，为我们鼓劲！

B.那么，就让我们紧紧地握住这个给我们鼓励，为我们加油的伙伴的手，一起喊出我们的心声吧：你的挫折，有我的激励；你的成功，有我的支持！

四、行为塑造，激活动力

厌学心理和情绪的产生是渐进的，这一心理和情绪的调节同样也需要一个过程。其中，在激发学习动机，培养学习兴趣，给予学习策略的指导，和其他方式的共同作用下，有利于学生重塑信心，再扬学习的风帆。

1.激发学习动机

学习动机是学习态度最直接的制约因素。学习成绩好的学生有明确的学习目的：学习，是为了开阔自己的眼界，提高自己的思维能力；上学，是为了训练自己的集体意识，学会处理复杂的人际关系；参加考试，是为了检查学习中存在的问题，锻炼自己的心理素质，提高自己的受挫能力；学校，是一个学生进入社会以前的综合性的训练场所。这些学生学习积极主动，能动性大，学习效率高。与此同时，这些学生也会树立自己终会成功的坚定信念。这表明，高成就动机对学生的学习有着积极的影响。教师要引导学生建立符合自身实际的奋斗目标，设计完整的学业规划，使其学会从大方向、长远来看待问题。因此，教师要让学生清楚迈向成功需要克服诸多的困难，同时还要让学生清楚完成学业之后将解锁怎样的未来，比如好的工作、收入和生活等。这是一个持续的过程，需要通过多渠道、多方式逐步实现。

2.培养学习兴趣

兴趣是引起和维持专注力的一个重要内部因素，是学习过程中一种个人力求接近探究某种事物和从事某种活动的态度与心理倾向。学生如果对学习感兴趣，就不会厌学。所以，激发学生的学习兴趣是消除厌学现象的重要策略。

　　魏老师为了激发学生的学习兴趣，在作业上下了不少工夫。

　　她给书写整洁的满分作业画上学生喜欢的卡通动物头像，如勤劳的小蜜蜂、聪明的米老鼠等。后来为了节约时间，她给既对又好的作业打上"★"，对于基础较差的学生则放宽要求，作业基本正确，书写工整即可得"★"。魏老师告诉学生，如果凑满10颗星，还可以获取一个她自制的剪纸小动物。

　　每得到一颗星时，学生总会相互交流，数一数，比一比，并兴奋地跑来报告："再得几颗星，我就可以得到小动物了。"每当此时，魏老师总是不厌其烦地微笑着说一声："真棒，加油！"一种积极向上的完成作业的竞争风气正在班里悄然形成。另外，魏老师也喜欢在书写有进步或解答方法有创意的作业本上留下激励性的评语，如"漂亮""真棒""奇思妙想""新鲜"等词语给以强化，让学生明确自己在作业方面奋斗的目标并为之努力。

　　一个学期下来，效果明显，魏老师班上的学生不仅不再怕做作业，而且作业完成的速度、质量都优于其他班。

　　奖赏是激发学生学习兴趣的良策，是增强学生信心的添加剂，也是评价学生学习成果的最直观的体现。上述案例中，教师采用的就是奖励这一手段。从案例中可以看到，这一手段对增强学生的学习兴趣——写作业，发挥了积极的作用。当然，在这一过程中，教师需要注意依据学生的年龄特点，结合不同的完成状况给予不同程度、不同方式的奖励。

　　托尔斯泰曾说："成功的教学所需要的不是强制，而是激发学习的兴趣。"要激起学生对学习的兴趣，有效提高学生学习的积极性，在激发学生的兴趣的同时，还要注意以下4个方面。

　　（1）做能让学生悦纳的教师

　　心理学研究和教育实践均证明，如果学生喜欢某一教师，他也会喜欢这位教师所教的课程。同理，学生要是讨厌哪位教师，也会讨厌这位老师所教的学科。因此，教师要时刻注意自身形象，有良好的教仪教态，掌握专业的知识与技能，能够分析和理解学生的心理，了解学生的情感需要，并科学地给予满足，使学生感受到教师的可敬、可亲、可信任，进而乐于接受教师的教诲。

（2）帮助学生体验到求知的新奇和快乐

教师可以在加强对学生学习方法的指导的同时，不断拓宽学生的视野，扩大知识面，并创造师生共同学习与成长的机会，在这一过程中让学生学有所值、学有所乐，进而逐渐体验到获得知识的快乐，从而提高学习兴趣。

（3）引导学生将兴趣向学习转移

厌学学生的表现说明，他们有自己的兴趣点，这些兴趣点可能不在学习上，可能在某一学科上，或者只是兴趣的稳定性差，兴趣中心不断转移。教师要了解学生的兴趣中心和特点，有针对性地给予引导，使之扩大兴趣范围，并把兴趣中心转移到学习上。

（4）从提升学生的学习兴趣出发，改善教学方式方法

比如，采用"教学做"相结合的方式教学，在教学过程中为学生创造动手实践和拓展的机会，为其补充相应的学习材料，营造获取知识的饥饿感，以激发学习的求知欲；或者在教学中从多角度提出问题，让抽象的知识形象化，用问题做支架，为学生学习搭建阶梯，使之经过努力获得成功的机会，提高学习的成就感，进而在不断满足中提升学习兴趣。

3. 运用学习策略

相当多的学生之所以学习困难，是因为缺少有效的学习策略。教师可以在学生学习时，依据学生的不同情况，给予学习策略的指导，使之找到适合自己的学习策略。具体来说，教师可以引导学生不断调整各科教师提供的学习策略，或学习其他同学的学习策略，并在努力付诸实践的过程中进行调整、修改，使之适合自己的学习。

当然，当学生所用的策略发生作用，学习成绩提高，获得积极的学习体验时，自然会更加主动地探索和学习，并且能更有效地使用这些策略，进而在学习中不断探索出更多、更好的适合自己的策略。这样一来，学生的厌学情绪和心理自然得以消除。

专题二
叛逆行为心理及对策

　　学生叛逆行为的背后是自以为成熟的错觉和孩子气行为之间的矛盾心理。基于这种心理，学生会做出许多"标新立异"甚至"唱反调"的行为，对其健康成长造成一定程度的影响。读懂学生叛逆行为的心理因素，采取科学的对策，可以促进学生健康成长，使之少走弯路。

主题 1

叛逆行为的典型表现

所谓叛逆，顾名思义，就是思想、行为的反叛。中小学生叛逆行为的背后是一种幼稚的心理和一种强烈的自我表现欲，是"求异思维"在作怪。因此，教师要注意识别其典型行为，发现其行为背后的心理，科学施教。

一、叛逆，成长的信号

下述案例中李欣的表现就是叛逆的信号。

李欣是一名初二学生，自从上初中，他的脾气变化很大，暴躁易怒，根本听不进父母的话。这天，妈妈只是让他少玩游戏，他就说妈妈管得太宽，自己在网吧里睡了一晚上。心惊胆战的父母找到他后，不敢说也不敢管，不知道这孩子究竟怎么了。

叛逆是人类发育过程中的一个阶段，一般发生在 13 岁到 18 岁，这一时期的青少年会出现一些行为上的反叛，这种行为往往会让家长和老师感到困惑不解。这种行为虽然是正常的，但也需要家长和老师给予关注和引导。

1. 人生的叛逆期

发展心理学研究证明，人的一生会经历三个叛逆期，分别是在 2~3 岁，宝宝叛逆期，这是人第一次向世界宣告自己作为独立个体的存在，也是人对个体的首次意识；6~10岁，儿童叛逆期，这是强化期，既强化个体意识，也强化外界对个体的认知；12~18岁，青春叛逆期，也是固化期，是寻求认可的对外宣言和呐喊。

2. 叛逆期的表现

叛逆期的表现集中在以下四个方面：一是行为上出现反叛，比如对家长或老师的规则和要求不屑一顾，不听话，不服从指挥；二是自我意识增强，对自己的外貌、衣着和行为更加关注，并且希望自己能被别人认可和接受；三是情感发生波动，出现情绪化和易怒的情况，且极易因为一些小事情而生气或者沮丧；四是对未来感到迷茫，这一点突出表现在初、高中学生身上，他们开始对未来感到迷茫和焦虑，开始思考自己的职业和生活方向，并且很难做出决定。

3. 叛逆期的行为特征

当青少年学生处于叛逆期时，其行为会表现为如下五个方面。

一是否定性，即不认同、不信任学校、教师，故意与之作对，故意否定他们的看法或主张。

二是评判性，即对老师的教学和行为进行评判，对学校的活动或规章制度进行评判，对社会及社会上的现象进行评判，并因此引发心理上的抵触。

三是对抗性，即亲子关系紧张，对父母十分冷淡，疏远父母，开始消极抵制父母的管教，甚至公开与之敌对，对他们要求做的事情偏不做，或者反其道而行之。

四是冷漠性，即伴随亲子关系的恶化，厌恶和反感父母对自己的不尊重行为，进而在情感和行为上疏远他们。

五是阶段性，即叛逆有一定的阶段性，随着成长和心理认知度的提升，以及生物性适应能力的增加。随着世界观的初步形成，开始从叛逆变得理智、冷静，能维护自我评判结果，表现出强烈的自尊心。

二、叛逆行为的典型表现

下述案例中，学生小王的表现就是典型的逆反行为。

学生行为心理与教育对策

小王曾经是老师嘴上常挂的好学生、同学们学习的好榜样。高一时的考试成绩进入前十名，父母对他寄予了很大的希望。可到了高二时，情况发生了翻天覆地的变化：上课不再是反应灵敏，而是老打瞌睡，老师布置作业也不用心完成；好几门功课都令老师十分担心。他开始沉迷于上网聊天，甚至通宵玩游戏，周末还常去打台球，渐渐地还上瘾了。更让人担心的是，他还学会了吸烟。结合他的表现，老师找他谈话，师生之间进行了下面的交流：

"你现在成绩退步了很多，你知道为什么是吗？"老师语气温和地问。

"我知道啊，不认真呗！还有什么啊？"小王扬了扬头，不耐烦地说。

"你高一的时候曾说你的目标是重点大学，是吗？"老师避其锋芒，换了话题。

"是的。"语气柔和了许多。

"那你想读什么专业啊？"

"计算机专业。"

"你很喜欢计算机吧，有什么设想？"

"是啊，我想自己开发软件，特别是游戏与学习结合的软件。可是现在毕业之后找工作很难，所以我现在，只想早点毕业，找个工作或读个大学。"

"你喜欢抽烟，不喜欢学习？"

"如果我说我不喜欢抽烟，而是喜欢学习，你相信吗？"

"当然，我相信。"

沉默不语……①

中小学生的叛逆行为让家长和老师比较头痛，也是教师教育教学中要重点关注的内容之一。因此，了解学生叛逆行为的典型表现，有利于教师更好地识别，对症下药。

---

① 案例来源：高中生逆反心理个案分析及其调适策略. 文秘帮（https://www.wenmi.com/article/pxuuee02u5t7.html）。

专题二 叛逆行为心理及对策

1. 言语顶撞，不听话

学生叛逆行为的对抗性，一方面表现在家庭中，对父母冷淡和疏远，以及对父母管教的抵制和敌对；另一方面也表现在学校中，教师要求做的事情偏不做，或者反其道而行之。

学生小 C 生长在条件优越的家庭中，父母都是企业高管，在家时间比较多，因此格外关注小 C。他们除了经常翻看小 C 的手机和日记，还经常查看小 C 的 QQ 和微信聊天记录，动不动还给小 C 讲道理，要求小 C 不要和什么样的同学走得太近，甚至小 C 偶尔回家谈到同学时，父母都警惕地问他和这个同学是怎样的关系，担心他交友不慎。慢慢地，小 C 对父母的行为越来越反感。终于有一天，在小 C 做作业的时候，父母一边陪着一边翻看他的手机，他爆发了，将书本和手机摔在地上，并连续几天不和父母说话，需要什么就写在纸条上贴在家中的门上。

案例中小 C 对父母的态度和行为，表现出强烈的反叛性，是典型的叛逆行为。这种行为是基于对父母管教方式的不赞同和反对，是要求个性自由和获得尊重的体现。

除了在家庭中，一些学生在课堂教学中也表现出这样的特点。不同于那些学习好又听话的孩子，他们经常惹是生非，尽管因为性格不同而表现形式不同，但共同的特点就是老师让往东，他们偏往西；老师让学习，他们偏和别人说话。

课堂上，教师讲到精彩之处，抛出了一个很有想象空间，几乎每个学生都有话可说的题目，因此几乎每个人都举手了。于是教师微笑着叫起了一个在所有老师看来都性格乖张的学生，希望这个孩子也能获得成就感。可是这个学生站起来的回答却让教师后悔不已："你让我站起来干什么？我又不会回答问题！你这不是明显地为难我吗？"这位有经验的老教师依旧微笑着问："那么你现在可以尝试着想一想吗？老师相信你一定能回答得很漂亮！"可是这个学生并没有买他的账："我能有什么办法？你明知道我很笨，想不出来，还叫我来回答，什么意思呀？"

这个案例中的学生，对教师善意的提问，并没有用心思考，积极主动地参与到学习中，而是抵触教师的行为，顶撞教师，认为教师的举动不怀好意，这也是学生叛逆行为的一种表现。

2. 不遵守规则，我行我素

我们先来看一个案例。

一个午休期间，W 老师照常在办公室批改学生当天的作业。突然，传来一阵急促的脚步声，一名同学请她快去看看，她知道班里肯定出事了，于是快步来到教学大楼的东侧走廊，此时 W 老师远远地看到了自己班里的一名男同学小 A，她认定这名同学又要打架了。于是劈头盖脸地指责他："小 A，你怎么又要打架？"结果换来的是小 A 的一句顶撞："我就打，怎么了？"W 老师感到无奈，将要打架的学生劝走后，找到在场的几位学生仔细了解了整件事的来龙去脉。小 A 什么也没说，转身就走了。据那几位学生反映：小 A 是为了保护班里一位女同学不受其他班同学的欺负，一个人单枪匹马地去找另一个班的学生"理论"，结果双方互不相让，才出现了那时的场面。

案例中，学生小 A 原本出于正义帮助同学，但面对同学遇到的问题，他并非采取积极正确的方式解决问题，而是我行我素、以暴制暴，以自己认为合理的方式解决。这也是学生叛逆行为的表现。

一次校外实践活动，全班学生井然有序地排队上车。学生小刚却在排队时嬉皮笑脸，不时拉着同学说话，同学小声提醒，他也不理。轮到他上车时，他竟然站在车门口，摆上了 pose，老师生气地大喊，让他抓紧上车，别搞怪。他却一脸嫌弃地说："不就一次实践活动吗？用得着这么小题大做？反正我最后上车就行，真多事儿。"老师很生气，但考虑到活动的时间，只能听着他的怪话，让其他同学抓紧上车。

在这一案例中，学生小刚表现出对规则的不遵守，同时也伴有故意做出另类的举动以吸引他人的目光，这同样也是叛逆行为的表现。

3. 喜欢挑剔、批判

学生的叛逆行为还表现在喜欢挑剔和批判上，一方面他们对教师的教学和行为进行评判，对学校的一些活动或规章制度进行评判；另一方面他们对社会及社会上的现象进行评判，进而引发心理上的抵触。

周一的升旗仪式，同学们排着整齐的队伍出现在操场上。A 老师发觉班上"调皮大王"田同学在队伍里乱动，两只脚不停地在地上画来画去。A 老师上前轻轻地点了他的名，他才规矩了几分钟。没过一会儿，他又把注意力转向前面女同学的辫子上。A 老师生气至极："你今天怎么了？回教室扣两分规范分。"他终于安静了下来。看来扣这个"分"还是有点作用的，A 老师心想。可是升旗仪式刚结束，A 老师就听见他说："扣一两分规范分没什么了不起，得了几十分也不能在期末考试中加上一分。"A 老师竟一时语塞！规范评比一直都是 A 老师班级内定的评比规则，会根据学生们的表现评选出周冠军、优胜奖和进步奖。大家都非常重视规范评比，他竟冷言相对，毫不在乎。

这个案例中，学生田某表现出对班级规则的否定。这种否定，就是对学校、教师的不认同、不信任，故意否定他们的看法或主张，故意与之作对。这也是一种叛逆行为，突出表现为"唱反调"行为，以及对身边的人和事的挑剔态度。

高三（3）班的小陈头脑极为聪明，思维活跃，反应敏捷，上课喜欢发言。不过最近，小陈开始变得沉默寡言，上课也不太爱发言了，即使偶尔发言，也语气较冲。前两天的政治课上，教师正在讲关于民主与平等这一主题的相关内容，学生小陈却语出惊人："老师讲的是民主与平等，平时体现在哪里？至少应该对我们讲一讲民主与平等吧？你看这次考试分班，哪里征求我们的意见了？"此外，小陈还在平时谈到社会现象时，言语中充满批判，比如在班会上谈到个人的理想和愿望时，他说自己原来是想着考个好大学，毕业后考公务员，可现在看看还是算了吧。

在这个案例中，学生小陈的行为就体现出明显的挑剔性和评判性，这种挑剔和批判表现在对社会现象和身边的人和事的看法比较偏激，这也是学生叛逆行为的一种体现。

主题 2

渴望被看到，叛逆背后的心理

叛逆行为常常被视为青春期的代名词。然而，并非所有做出叛逆行为的学生都处于青春期，而是借叛逆行为传达自己的心理诉求。教师唯有看到叛逆行为背后的心理，才能给予学生真正的支持，解开其行为背后的密码。

一、叛逆的心理特征

分析下面案例中小莉的叛逆行为——公然违反课堂规则、扰乱课堂秩序，无视相关规则，对教师的批评教育无动于衷。这些行为背后呈现出一定的心理特征，是学生内在心理的反映。

专题二 叛逆行为心理及对策

八年级学生小莉十分任性，脾气暴躁，平时和同学说话也是相当不客气，因此很多同学都躲着她，不愿意和她发生冲突。小莉对此也心知肚明，当然也很苦恼。

前几天英语课上，她与一个高个子的男同学又发生了不愉快，原本是一件小事，她却将邪火撒到了同桌的身上。老师让同桌之间进行对话练习，她不但不练习，还拉着同桌打闹，欺负同桌，甚至误伤了同桌的胳膊。同桌虽未还手，其他同学发现后都愤愤不平，纷纷对小莉加以指责、批评，老师除了批评她的做法，还让她向同桌道歉。

可是无论同学和老师说什么，小莉都沉默不语，默然相对，消极抵抗。

1. 以自我为中心

存在这种心理特征的青少年，凡事都只希望满足自己的欲望，不关心他人的需求，自私自利，要求所有的人都以他为中心，人人都服从于他，人人都服务于他。这样的人不讲集体纪律，不愿从客观实际出发，不能服从他人及集体。虽然强烈希望获得他人的尊重，却不清楚自己应当先学会尊重他人。总而言之，他们更加关注自己的感受和需求，却忽略了他人的感受和需求。

2. 寻找自我认同

所谓自我认同，又称自我认同感，是指个体对自己所属的社会群体或个人特质的认知感受和评价，包括性别、种族、民族、宗教信仰、职业、兴趣爱好等。倘若一个人具备强烈的自我认同感，或许会更容易维护自己的身份认同，以及分清自己的利益与其他人的利益；反之，一个人如果无法获得自我认同感，那么他（她）或许会感到孤独、无助、无望和无力，甚至诱发某些心理问题，甚至精神疾病。因此，自我认同影响着个体的成长、福祉和社会交往。

人的自我认同感是后天形成的，主要形成于青少年时期，要经历从无到有的过程，是在早期社会化的过程中开始的。青少年就是在寻找自我认同感的过程中，在反思自己的价值观和人生观的过程中成长的，其自我认同感也是在这个过程中形成的。如果其生活在缺乏关爱、温暖的家庭氛围中，或家庭成员之间存在矛盾冲突，就会影响其自我认同感的形成。同样地，社会中存在的不公正、歧视等现象也会挑战个体的自我认同感，导致青少年自我认同感的缺失。除此之外，个体因为自身的心理特征、性格特点与社会环境不相符，也会对其自我认同感的形成造成影响。

一旦个体在自我认同感形成的过程中出现这样或那样的问题，那么势必引发其情绪波动，导致其缺少自信，难以在人际交往中形成真正意义上的亲密关系，进而引发一系列心理或行为问题。

3. 对新事物的探索

青少年阶段，个体的思维体现出求知欲和好奇心，这使得个体对未知的事物充满兴趣，渴望去探索和了解。在这样的思维影响下，他们渴望了解自己，探索自我潜力和特质，因此会主动寻找新的知识与经验，不断尝试与实践，不断探索自身的感受和需要，不断拓宽认知范围，提高认知水平。这使得个体能以开放的态度对待周围的事物，面对问题时能主动寻求新的解决方案和新思路，进而不断尝试和创造，并在此过程中发现自己的兴趣和爱好。

4. 对独立的渴望

青少年时期，个体正处于生理和心理上的发展阶段，开始意识到自己是一个独立的个体，渴望能独立地探索世界，独立地思考和决策。这种对独立的渴望，使得个体希望能够自主决策和管理自己的生活，渴望自由地表达自己的主张和看法，做自己愿意做的事情，摆脱环境的束缚，而不是被家长和教师过度干涉。一旦在这一过程中感受不到来自家长或教师等成年人的理解和尊重，他们就会表现出反抗性，进而与之产生矛盾与冲突。

二、叛逆心理产生的原因

从下面的案例中可以看出，青少年之所以出现这样或那样的叛逆行为，既是

专题二 叛逆行为心理及对策

发育阶段的正常现象，也是其渴望关注、理解和支持的心理体现，教师要理解其心理感受和需求，就要分析叛逆心理产生的原因，进而为其提供适当的支持和指导，使之成长为自信、独立和有责任感的人。

G老师和学生小W的初次见面是在新生开学的第一天。和其他新生相比，小W非常与众不同，只见他披头散发，蓬头垢面，满脸疲惫，充满愤怒之感，看似很麻木，很绝望。G老师看了他一眼，他的眼神中充满了敌意。G老师从来没有看到过如此令人不快的眼神，G老师的第一感觉就是，这是一个不好对付的对象。就这样，见面的第一天，小W安静地站在自己的位置上，用他那深邃而幽怨的眼睛审视着周围的一切，却从不说话。看到他，G老师真的难以想象，一个初中生，怎会如此地仇视老师。G老师的经验和直觉告诉她，在小W那幽怨的眼神背后一定有着特别的经历，隐藏着许多不为人知的故事。

此后，G老师开始了解小W的经历。结果发现，他是一个父亡母再嫁的孩子，因为与母亲的关系极差，他的性格顽固、偏执，在小学时就出现严重的旷课、夜不归宿、打游戏成瘾、说谎、偷盗、离家出走等不良行为。进一步了解后，G老师发现，小W的父亲是在一场车祸中丧生的。而父亲的不幸离去直接导致了一个家庭的破碎，留给小W的不仅仅是一种伤害，更是一种致命的打击。

1. 不良家庭因素

青少年的叛逆行为，并非成长中的必然，往往是由幼年时期受到不良家庭教育等诸多因素造成的。具体来说，它与个体在幼年时是否得到足够的关爱、是否被真诚地接纳、是否受到科学的引导和教育有关。

小亮是小学四年级的学生。他平时上课不专心听讲，最爱在英文课上捣乱。他会大声说话或自言自语，还不时发出呜呜的声响，好像在驾驶公共汽车，偶尔还会大吵大嚷，令全班同学无法集中注意力上课。一次，全班同学都在埋头写作文，他却只字不写，还打扰邻近的同学。英语老师好言相劝，他依然我行我素。英语老师让他站到教室后排，他竟摆出一副满不在乎的样子，漠视教师的存在。下课后，英语老师领着小亮来见班主任张老师。

为了弄清缘由，张老师翻查了小亮的资料，联络他的母亲、外婆，并向其他科目的老师了解相关情况。原来，小亮出生后不久，父母就离异了。后来都组件了新的家庭，他一直寄住在外婆家中。由于他性情顽劣，经常惹得舅父一家人气愤不已，所以经常被打骂。这样反而使他的行为变本加厉。他经常放学不回家，跑去母亲工作的地方遥望母亲的背影。生长在这样一个破碎的家庭，又没有得到很好的照顾，难怪他会出现如此的叛逆行为。

如果个体在成长过程中，父母的教养方式过于严厉，致使其在一个过于严苛的环境中成长，出于自我保护的需要，个体的思想或情感就会被压抑在心头，得不到自由释放。这些思想情感被压抑后，虽然暂时减轻了个体的焦虑，但由于并未完全消失，长期下去就变成一种潜意识躲藏起来。当个体遇到触发点时，如相似的情境、相似的事情、相似的人和物，这些潜藏的思想或情感就会被唤醒，进而引发思想和行为的异常变化，导致青少年做出一些反常的举动，如暴力行为、消极行为等。

如果个体在成长过程中，父母的教养方式是放纵型，不给予相应的科学引导，一味地纵容其行为或情感，过分地、长期地以孩子为中心，那么就会使其变得更加自私自利。个体在进入社会环境时，就会由于自身放纵的情感和行为与社会规则不相符，感受到压抑和不满，进而做出叛逆行为。

如果个体在成长过程中，经常得不到家长的关爱和陪伴，长期处于缺乏关爱的境地，那么个体就会对爱与温暖充满渴望。当不能获得正常表达诉求的指导时，他们就会用非正常的方式引起家长的关注，进而做出离家出走、打架斗殴等叛逆行为。

2. 不良社会因素

除了家庭因素，不良社会因素也是青少年出现叛逆行为的原因。

（1）学校作为青少年成长中的一个重要的社会因素，其教育方式、教育手段、教育规则的不科学，也会引发青少年的叛逆行为

比如，一些学校的教师在教育学生时，采用打压、批评的方式，而不是耐心地引导和平等交流，不尊重学生的人格，不能了解学生内心的真实想法，无法触及学生的心理感受和体验，使学生的自尊心受到了伤害，由此引发了学生的叛逆行为。又如，一些教师在教学过程中，过分追求成绩，教学方式陈旧死板，不能因材施教，不能具体问题具体分析，就会让学生对教育产生叛逆行为。再如，一些教师在教育中不能对学生一视同仁，不能客观评价学生的个性、能力和成绩，就会使学生产生"破罐子破摔"的叛逆心理和行为。

小 D 是某小学的一名学生，尽管学习起来有点吃力，但一年级至三年级，他一直快乐活泼，特别愿意亲近老师。从四年级开始，小 D 变了，他不愿意去上学，每当父母一提到老师，他就流露出害怕神情。发现了他的这个变化，父母多次询问，他也不回答。后来，父母终于知道了原因。原来，四年级时换了一位老师，这位 F 老师特别严厉。某天第三节班会课上，因为小 D 没有按要求带校服，F 老师就让小 D 在讲台前罚站。小 D 感到特别羞辱，流着泪一直站到放学。

小学生小 D 的案例也说明，学校教育中教师不当的教育方式会导致学生出现仇视老师等叛逆行为。

（2）随着社会的不断发展，大众传播事业对青少年的心理发展产生了越来越大的影响

随着新媒体的出现，青少年学生在一定程度上获得了更多的新信息，也受到了相当多的不利信息或思想观念的影响，比如一些有害的、低俗的生活方式，一

些体现新奇性却毫无营养的文化糟粕，这些内容都会在不同程度上影响青少年，使之形成反文化心态和反文化意识，进而做出叛逆行为。

3. 不良个性因素

学生叛逆心理及行为的形成，也与其成长过程中形成的不良个性因素有关。心理学研究表明，青少年具备敏感的认知能力和较高的自尊自信意识，其人格认知和世界观评判还处于相当幼稚和肤浅的水准，当独立人格的排斥力大于学校教育力和家长管束力时，其感性对抗将超出本身的控制力。当青少年自我中心意识极强，自我控制力弱，个性上存在内向、孤僻，任性，以自我为中心，听不进不同的意见时，一旦家长或学校对其采取必要的压抑和管束，那么他们就极可能做出叛逆行为。

主题 3

这样做，化解学生的叛逆行为

叛逆行为是一种暂时的心理现象，当学生出现这样的行为时，如果教师能看到问题背后的心理因素，找到问题的症结，运用科学的策略，避免这种心理现象的出现，其实并不难。

一、看到真相，巧妙化解

学生叛逆心理诉诸行为，有着不同的表现形式，但无论哪种形式，作为教师都要从学生行为形成的原因入手，弄清问题的真相，用关爱的态度、灵活的方式、巧妙的策略，给予学生科学的引导，巧妙化解叛逆行为。

专题二 叛逆行为心理及对策

1. 认真观察，发现真相

教师要以灵活的策略对待学生，即能够放弃自己执着的思路，从不同的角度观察、体会和对待学生。

某教师在上课时出示推土机、挖掘机、搅拌机、飞机、汽车、电车等图片，让学生分类。原本教师的"标准答案"是：推土机、挖掘机、搅拌机是工程机械，其余是非工程机械。学生却对分法提出异议。

学生 A：飞机是天上飞的，其余是地上跑的。

学生 B：电车是用电的，其余是用油的。

学生 C：搅拌机是停在地上的，其余是运动的。

学生 D：推土机、挖掘机有履带，飞机、电车、汽车有轮胎，搅拌机什么都没有。

此时，倘若教师一味地坚持己见，否定这些学生的思路，学生便会不服气，产生逆反心理。

2. 给予爱，唤起爱

教师要想化解学生的叛逆心理，使之消除叛逆行为，就要爱学生，并以宽容公正的态度对待学生。

（1）真诚地爱每一位学生

教师要认识到，每一位学生都渴望得到老师的爱，尤其是家庭有过特殊变故的学生，容易形成特殊性格，这就要求教师真诚相待、热情鼓励、耐心帮助，用温情去感化他们，让他们在愉快的情感体验中接受教育，消除逆反心理。

（2）公平、公正地善待每一位学生

不管学生的成绩是优还是差，不管学生的家庭是富还是贫，也不管学生的父母是位高权重还是普通百姓，作为教师，都不能有偏私之举，不戴有色眼镜看人，要对他们付以同样的关爱。

（3）对学生一视同仁，不感情用事

教师不要因学生容貌、智力、性格、品德等方面的差异而有所偏私，实行不公平对待；对待学生要一视同仁，不能见到优等生就喜笑颜开，见到学困生就紧皱眉头，更不能在感情上有亲疏之分，在心里把学生分出等级。

（4）讲究教育方式方法

教师要表扬优等生不夸张，批评学困生不过分。批评学生要讲究方法，还要对学生多加引导、耐心说服，态度要温和，允许学生提出不同意见。

总之，教师要在理解学生的基础上用自己公正、平等与尊重的态度，建立融洽、和谐的师生关系。有些学生会把老师和同学的批评与帮助理解为有意针对，认为周围的人都在轻视自己、伤害自己，从而产生叛逆心理，做出叛逆的行为。

二、巧妙引导，科学处理

学生的叛逆行为是普遍存在的，并非任何叛逆行为都会制约学生正常成长，起到消极影响。教师如果能正视和引导学生的叛逆情绪，科学加以处理，那么走过叛逆期的学生会迎来成长的加速期。

1. 耐心疏导，巧妙化解

当学生出现叛逆情绪和行为时，教师不能以暴制暴，而是要多多疏导，运用教育的智慧巧妙化解。

由于学校活动占用了教室，五年级的学生需要暂时到阅览室上课。

阅览室的房顶是苇板的，学生本来心里就不乐意，几个调皮鬼就用硬纸叠起"小飞机"插在房顶苇板上。见此，全班的同学都学了起来，霎时间，各种颜色的"小飞机"飞上了房顶苇板。

道法课张老师面带微笑地说："这些小飞机真漂亮！"教室内的气氛立刻由紧张变得轻松起来。张老师幽默地说："在学习中做点发明创造自然是好的，可是你们想到过没有，飞到房顶上的小飞机，像不像清秀的脸庞沾满了各种各样的泥巴？你们谁愿意在自己的脸上沾泥巴呢？"

案例中，教师抓住机会教育了大家，用幽默的话语警醒了学生，疏导了学生的情绪。

2. 了解原因，对症下药

当学生出现叛逆行为时，教师不要急于下结论，要先和家长沟通，明确其叛逆行为产生的原因，从根本上解决问题。

16岁的林伟过去是一个十分听话的学生，学习成绩也一直不错，一直是父母的骄傲。可近期越来越不听话了，自己想干什么就干什么，根本就不听家长的劝说。最近，又迷上了网络游戏，学习完全被放在一边。父母试图强力制止，把他关在家里，把网线也拔了，可没想到，他竟然离家出走。给他打电话也不接，给他发短信，他回复说，如果能够答应今后不再管他，他就回家。为了能让他回家，家长答应了他的要求。可他回家的第一件事就是上网。

无奈之下，父母向教师求助。教师先和林伟进行交流，了解其内心的想法。然后与林伟的父母进行交流，了解亲子关系、家庭氛围以及对林伟的教养方式。经过了解，老师明白了林伟出现这些行为是青春期的偏激行为，是叛逆的表现，是由于其父母对他一贯的管教过于严厉，让他感到压抑而造成的。

因此，教师给家长提出了如下建议：一是给孩子平等的地位，人格上尊重孩子，比如与孩子交流时，要耐心倾听，了解孩子；二是不要随意指责或草率评论，要克制自己的情绪；三是要在孩子表达意见后给出积极的反应，比如对孩子说："你这个想法不错，要是再加一点或再改一点就更完善了。"让孩子感受参与感、成就感和荣誉感。

听了教师的建议，林伟的父母逐渐改变了与孩子相处的方式。经过一段时间努力，林伟不但能科学安排上网时间，而且学习也回归了正轨。

3. 保持冷静，冷处理

面对学生的叛逆行为，教师要保持冷静，学会冷处理。当学生出现叛逆行为时，倘若教师也表现出不满与急躁的情绪，那么学生的叛逆心理会越发严重。此时，教师要善于控制情绪，提醒自己不与学生发生正面冲突，要用成年人的成熟与冷静控制事态的发展。教师要用冷处理的方法，先让学生稳定情绪，再真诚地与其进行交流，尝试双向沟通，取得学生的理解与信任，慢慢消除学生的叛逆心理，矫正叛逆行为。

高二学生小刘平时表现不错，学习成绩很稳定，居班级中上水平，与老师关系也很好。高二将要结束时，老师找来其家长，想和家长探讨一下如何提高他的成绩。没想到，小刘居然因为这件事向老师大喊大叫，认为老师没有权利在没经过他同意的情况下把家长叫来，这是对他的不尊重，是把他当作坏学生看待了。等他平静下来后，老师告诉他，自己没有恶意。但是从那以后，小刘总是和老师对着干。不管老师说什么，他都要在背后捣乱。有一次他竟然当着老师的面说："你不是一个合格的班主任，你把学生看作你自己的孩子，但是我们真是你的孩子吗？你的孩子可以由你爱怎样就怎样，我们可以吗？"考虑到高三的学习任务很重，学生精神紧张，老师强压着自己的情绪，尽量去理解和帮助他。慢慢地，小刘虽然不理老师，但开始认真学习，专心听讲，认真完成各学科的作业。上大学前，小刘找到了老师，就自己当初的态度向老师真诚地道歉。看到学生一脸歉疚，老师知道对其采用的方法是正确的。

案例表明，当学生出现叛逆行为，并因此与教师发生冲突时，教师要给学生时间反省。当学生违反纪律或顶撞教师时，教师要适当地使用短暂的沉默，既让自己有反应厘清思路、选择措辞和观察学生机会和时间让学生有机会思考反省自己。这样的"冷处理"，不但能够缓和气氛，而且可以使学生冷静后理智地接受老师的教育。有时候，用沉默替代对学生的直接批评也是一种不错的处理方式。

三、创设环境，合理疏导

学生的叛逆行为实质上是其心理上的一种内在反抗现象，是其自我意识增强、成人感增强以及情绪波动较大等原因造成的。为了消除学生的叛逆心理，教师除了需要了解学生，给予关爱，还需要营造民主、善意且友好的班级氛围，利用多种活动，家校联手，共同合理疏导，促学生的自我成长。

1.营造氛围，丰富活动

不同的班级具有不同的心理气氛。民主、宽容、善意友好的班级氛围，有利于改善学生的叛逆行为。教师不妨针对学生的这些问题，组织帮教小组，在学习、生活、行为习惯等方面给予出现叛逆行为的学生特别的关心和帮助，使之感受到集体的温暖、同学的善意，逐渐消除对立情绪，乐于参加集体活动，对集体生活感兴趣，逐渐改变原先的态度和看法。

一、短剧欣赏：反映真实的家庭生活

故事提要：某位同学玩电脑时间较长，他的父亲很不高兴，命令他迅速关机，但是他不听从，于是他的父亲打了他，他一气之下离家出走。

二、同学交流：了解现实的叛逆行为

主持人：其实啊，我相信这样的事情我们每个人都有过经历，哪位同学愿意说出你们的故事？

（一些同学分享自己的故事）

三、了解叛逆行为及心理：通过网络了解

叛逆行为及心理：是指人们彼此之间为了维护自尊，而对对方的要求表达出相反的态度和言行。青少年中常会有人就是"不受教""不听话"，常与教育者"顶牛""对着干"。这种以反常的心理状态和行为模式显示自己的"高明""非凡"的行为，往往源于这种心理。

四、游戏：沟通、理解、宽容

游戏1

主持人：14年的辛勤养育，我们成熟了，父母的手却变糙了。下面就让我们进入今天的第一个游戏——"触觉知亲子"。

游戏介绍：选出5对亲子，将学生的双眼蒙住，原地转3圈，把家长的顺序打乱，让学生通过触觉找出自己的家长。

（学生进行游戏）

游戏2

主持人：在了解父母之后，我们不由得心生感激。可是因为种种原因，我们对父母的爱只能深深地埋在心中。今天，就让我们敞开心扉，向父母说出你的爱！

游戏介绍：选出3对亲子，在1分钟内，限用10个词语，请3组亲子轮流猜并根据正确率评选出"最佳默契亲子"。（本游戏旨在测验亲子间的默契性）

......

除此之外，教师还可以开展一些丰富生动、健康有益的集体活动，调动学生参与活动的积极性，培养其健康高尚的审美情操，使其在能力和才华上得到充分的展示。当学生融入集体中后，性格也会逐渐开朗，乐于与人交流，烦躁、叛逆的心理会逐步被轻松的心态替代，进而回归正常。

2.家校合力，合理疏导

在教育叛逆学生的过程中，教师要注意，要让家长充分发挥作用，做到学校教育与家庭教育相互配合。

12岁的小军性格外向且倔强，思维敏捷，喜欢玩电脑游戏，学习成绩一般。父亲忙于生计，每天早出晚归，几乎不过问孩子的学习情况。母亲文化水平不高，没有工作，一门心思希望孩子考上重点大学，为自己争口气，只要孩子不听话就会严厉管教。因此，小军在学校纪律散漫，经常迟到、早退、旷课，无视他人的好言相劝，我行我素，常以抵触情绪对待老师的批评教育，甚至故意顶撞、激怒老师。新班主任刘老师分析了小军的行为，认识到这种心理的形成有主客观两个方面的原因，主观方面在于他看问题片面和偏激；客观方面在于其父母忙于养家糊口，操持家务，没时间与孩子沟通。得不到父母的关怀与疼爱，从前的老师又对他说教多于疏导，惩罚多于宽容，使小军产生了种种叛逆行为。于是采取消除心理障碍、打动学生内心的策略来消除其叛逆行为。

刘老师找到小军，用诚恳的态度、平和的语气与之交谈，以消除他的敌意和戒备心理。接着，刘老师将家长和小军叫到一起，明确地告诉他们，小军的行为是叛逆心理造成的，是一种正常的心理现象，是人的身心发展走向成熟的一个过程。家长在理解并接受后，开始冷静地对待孩子成长中的这种现象。而小军发现老师能够站在他的立场上，尊重他理解地，也开始控制自己的情绪。最后，经过家校双方配合以及学生本人的努力，小军的心理发生了非常好的改变。

教师可以通过讲道理、推荐教育书籍等方式让家长掌推科学的教育的方法，从而做到家校合力，对学生进行合理疏导。

首先，教师要提醒家长，无论何时，家长都应该关心孩子，要让孩子感受到父母对他的爱是无处不在的。爱的缺乏会对子女的教育产生不利的影响和后果。其次，教师要提醒家长调整对孩子的期望水平，要符合孩子的实际情况，不要将自己年轻时未曾实现的梦想寄托在孩子身上，在孩子身上寻求补偿，避免给孩子制造过度的压力，引起孩子的抵触情绪。让孩子健康地成长更为重要。

总之，面对学生的叛逆行为，教师一方面要深入了解学生的内心世界，与其融洽相处，以良好的师生关系影响学生；另一方面要不断反思自己的教育方式，善于打破固有的教育习惯，以创新求变的态度改革自己的教育方式，不断学习，开拓视野，提高自身素质，以全新的教育理念因材施教。

专题三
欺凌行为心理及对策

近年来，学生欺凌行为在校园内频发，进而引发校园事件，甚至成为社会问题。这些看似小打小闹的欺凌行为的背后，牵连着几个甚至一群学生的健康成长。教师要明确这些行为的典型表现，分析其行为背后的心理因素，进而科学应对，守护学生的身心健康。

主题 1

欺凌行为的典型表现

欺凌行为是指一种反复发生的、以大欺小或以多欺少的恶意侵害行为，是具有消极、恶意的行为，且在一段时间内反复发生。

一、欺凌行为的典型表现

欺凌行为可以分为直接欺凌和间接欺凌两种。直接欺凌行为，就是对被欺者采取各种形式的肢体暴力或勒索钱财等行为，其典型表现是身体欺凌和言语欺凌。间接欺凌行为，是指通过某种中介手段，对被欺凌者进行排挤孤立或语言谩骂等攻击，以达到伤害对方的目的。这一欺凌行为不易觉察，但对青少年的心理伤害更持久，受欺凌者会感受到被孤立、不受人欢迎等，典型表现是社交欺凌、网络欺凌和财物欺凌。

1. 身体欺凌和言语欺凌

身体欺凌就是运用身体力量、身体动作来实施的欺凌行为，如打、踢、推搡、抓咬、勒索、以及抢夺物品等。

在下面的案例中，这名女生遭到的正是直接欺凌中的身体欺凌。

重庆市某小学内发生的一起欺凌事件的视频网上在流传。视频里面可以看到，一群小学女生正围着一名女生殴打，短短 3 分钟内，那名女生被扇了数十个耳光，其间还有很多人在不停地用脚去踢她，有人在不停地推她，使其受到了很严重的伤害。

言语欺凌就是指运用语言来实施的欺凌行为，如威胁、戏弄、辱骂、奚落、嘲弄和起绰号等恶意伤害他人的行为，即对人进行言语羞辱。这是最常见的欺凌行为。

同学们：

大家好，有些话一直想对你们说，但迟迟开不了口。往往话到了嘴边又咽了回去。千头万绪，又不知从何说起，喉咙口像堵了一团棉花似的，相当难受。

记得那次有一位老师来我们教室上公开课，刚好讲到一种叫鱿鱼的海底软体生物时，许多人转过头来，递给了我一个诡异的眼神，甚至还"哧哧"地幸灾乐祸地笑着，气得我把手指节按得"咔咔"作响，这些人才知趣地闭上了嘴。

也就过了两三天，在一堂英语课上，老师让我们拼写"因为"这个单词。一下课，一些同学竟然把"因为"的英文单词谐音成了我的绰号，这次我终于忍不住爆发。

于是，我含着泪写了这封信，控诉了你们的种种恶行，可你们竟然无动于衷……

然而，在走向办公室的途中，低头看着手中那封信，我犹豫了。我知道，班主任收到后肯定能有效地制止这件事，但我们之间的隔阂就此产生。我不想与你们为敌，可你们知道吗，这多么伤我的自尊！希望你们以后别这样了，请给我一个承诺。

祝你们早日完成那个承诺。

尤熠

案例中的这名学生，因为同学们给他起绰号，进而给他造成了一定的心理负担。这种给别人起绰号的行为就是言语欺凌行为。

2. 社交欺凌和网络欺凌

社交欺凌就是不直接对受害人进行面对面的攻击，而是通过联合其他同学，有组织地排斥或孤立受害人来实施欺凌。这种欺凌行为常常是通过群体行动的方式来达到欺凌的目的，使被欺凌者感到身边没有朋友、孤立无援等。

丁先生有一个温顺乖巧的女儿。小姑娘一向听话，不与人争执，甚至有时乖巧得显得懦弱。因为工作的原因，他和妻子将孩子送到了寄宿学校。最初，孩子在学校过得比较开心，但过了一段时间，孩子突然给妈妈打电话，哭着要回家，不想上学了。他们这才知道，女儿寝室中的四个女同学（都不满 10 岁）经常联合起来欺负女儿：寝室的杂活都由女儿一人干，如果她不干，另外四人就一起孤立她，不理她。一次学校开运动会，四个女同学其中一个所带的零食搞丢了，也迁怒于自己的女儿没有替她们保管好，让她赔偿，可怜的孩子身上只有一点儿零花钱，没办法达到她们的要求，所以不得不鼓起勇气给母亲打电话。据孩子说，寝室中的四个女同学经常一起去吃饭、一起游戏，就是不让她参与，这四个同学还不和她说话，曾经有一个女生和她说话，被另外三个女生骂了。从此以后，这个女生也不敢和她说话了。

在这个案例中，丁先生的女儿所遭到的就是社交欺凌，表现形式就是被孤立。

网络欺凌就是通过邮件、博客、论坛等媒介对人进行伤害，是学生欺凌行为的新方式。研究认为这一欺凌行为是儿童社会暴力行为中，最新近、可怕的一种趋势。这一欺凌行为中欺凌者无须直接面对受害者，不会看到其当时的反应，这使得欺凌者可以更加频繁地肆无忌惮地使用非常恶毒的语言攻击受害者。

小 A 从小到大都是家中乖乖的独生女，很受家人宠爱。不谙世事，只看童话故事。小学四年级时，因为成绩较好跳级上了六年级。接下来，小A的噩梦开始了。

因为跳级离开了原来的班级，在原班级的一些同学眼中，小A就是叛徒。于是他们开始谩骂小A，甚至要求她向全班同学道歉。在一次校园拔河比赛过程中，小A原来的班级比赛失利，于是他们就将小A为自己现在所在的班级呐喊助威的行为当作原因，半个班级的同学来到小A家楼下，用小石子扔小A家的铁门，小A被吓得缩在家中不敢出门，不得不打电话向家长求助。此后，小A成了那个班级的"公敌"。所有的同学见到她都是一副恶狠狠的嘴脸，甚至在网络以及社交平台上对她进行侮辱和谩骂。小A越来越恐惧，害怕他们的欺凌，她不知道自己到底做错了什么。

在上述案例中，小A原班同学对小A进行的此类侮辱和谩骂就是网络欺凌。

3. 财物欺凌

财物欺凌就是破坏、索要学生的财物，比如破坏、抢夺，使其他学生交出财物，或逼迫其购买学习用品、手机、电脑等，或强行索要钱财，致使其他同学的财产受到损失。

小伟是某校六年级的学生。快到小升初了，小伟的爸妈为自己买了一辆自行车，方便骑自行车上下学。结果新车刚买不久，连续几天放学时他都发现自行车的后胎没气了。这是怎么回事儿呢？后来，小伟告诉了老师，经调查，才知道是同班同学小丁干的。原因没别的，就是看小伟不顺眼，就想这么做。

二、欺凌行为的典型特征

无论是直接欺凌还是间接欺凌，无论是身体欺凌还是言语欺凌，无论是社交欺凌还是网络欺凌，在行为上都具有一些典型特征。

1. 针对性和多样性

所谓针对性，是指在欺凌行为中，被欺凌者和欺凌者一般是固定的，前者多表现为性格内向懦弱，或胆小怕事，或外表上有独特之处，或智力、语言表达不同于常人。后者多表现为强势、性格暴躁，胆大妄为，身强体壮，喜欢惹事等。

所谓多样性，是指欺凌行为的方式多样，包括言语上的谩骂、孤立、嘲笑、起绰号，行为上的恐吓、破坏财物、勒索等。

小丽是某高中的住宿生。一天晚上，她在宿舍里遭到五名女生数小时的折磨，其中包含了多种不同方式的欺辱，非常过份。

在这个案例中，欺凌行为是由五名女生发出的，针对小丽一人。多种方式进行的欺凌行为，体现了欺凌对象的针对性和欺凌形式的多样化。

2. 报复性和反复性

不同于学生之间偶尔的玩笑打闹，欺凌行为一般会反复出现，尤其是经常发生在固定的欺凌者和被欺凌者之间。一旦被欺凌者向教师或家长告发对方的欺凌行为，欺凌者因此受到批评时，欺凌行为就更会反复出现，这体现了欺凌行为的报复性。

所谓欺凌行为的反复性，是指欺凌行为是重复发生的，并不是单一的偶发事件。有时候欺凌行为是一对一发生的，有时候欺凌行为是群体对个体发生的。这一情况的发生是因为，一般情况下欺凌行为的发出者并不认为自己做得不对，而且被欺凌者由于怕事，选择了默默承受而不敢反抗和告发欺凌者，于是欺凌行为就会恶性循环，进而使被欺凌者的身心倍受煎熬。

张先生的儿子小张在某中学读初一。几个月前，张先生发现放学回家的儿子的脸和手、脚上青一块紫一块。问孩子原因，他说是被三个同学欺负了。第二天。张先生找到老师，老师找欺负小张的几个同学谈话，并对这几个同学予以批评和警告。然而没过多久，小张的头部和手又被同学打伤，甚至因此花费近千元治疗。后来张先生报了警，民警在询问小张被打的情况时，小张说这个学期他遭到同学殴打不止三次了。当民警询问打人的几个学生时，这几个学生对于殴打小张的原因相当简单："他经常顶撞我们，我们看不顺眼，就是想教训教训他。"

在这个案例中，小张屡次遭到同学的欺凌，体现了欺凌行为的反复性，当然其中也包含报复性。可见，报复往往导致了欺凌行为的重复发生，二者之间存在着一定的因果关系。

3. 难以判断性和力量悬殊性

所谓难以判断性，是因为青少年学生原本就活泼好动，喜欢打闹，因此他们中的很多人本身就分不清欺凌行为。这也就导致尽管部分学生会无缘无故被其他同学孤立或被起绰号，心里相当不舒服，感到自己受到了伤害，但仍然认为这只是同学之间的一种简单的恶作剧，最后习以为常。这种现象就体现了欺凌行为难以判断的特点。

学生小林和小韩是上学和放学的路伴。但一段时间以来，小林发现在上学的路上，小韩的同学经常戏谑地叫他"笨瓜"，同时还故意掐小韩的脸。甚至有几次放学时，小林等了小韩很久，他也没出来，于是到班级找小韩，发现小韩在厕所里洗脸。追问原因，小韩说几个同学和他开玩笑，把他推到了厕所里。小林认为这些同学在欺负小韩，但小韩认为这些同学就是愿意和自己开玩笑。他苦笑着说："谁让咱人缘好，长得还圆润呢。"

在这个案例中，小韩遇到的情况明显是同学对他的欺凌行为。而由于这种行为经常发生，导致小韩无法辨清这是欺凌还是玩笑，久而久之成为习惯，长此下去就成为同学们的固定欺凌对象。

所谓力量悬殊性，是指在欺凌行为中，一般欺凌者与被欺凌者之间的力量存在悬殊，即欺凌行为具有以大欺小、以多欺少的特点。这就决定了低年级的学生、身体弱小的学生极易成为欺凌行为的承受者，而高年级学生、身体强壮的学生则多是欺凌行为的发出者。

某中学发生一起群殴事件，初一学生小郑在学校楼梯的走廊里被初二学生小王故意往头上浇水。双方一番争执后，小王不服气，召集十来名同学放学后在校门口围殴小郑，小王等人在围殴期间不停击打小郑。

在这个案例中，初一学生小郑和初二学生小王之间的矛盾，最后发展为初二学生十余人对初一学生小郑的欺凌，体现了以大欺小、以多欺少的特点。这就是欺凌行为体现在力量上的悬殊性。

主题 2

投射，欺凌背后的心理

欺凌行为对欺凌行为的承受者会产生不良影响，会深藏于被欺凌者的内心，使之终生难忘，极易导致其性格扭曲甚至人格缺陷，严重时还可能导致被欺凌者做出违法、违背人性之事。

14 岁的何某从小学起就因为体形和智力的原因经常被同学欺凌，表现多为直接欺凌。随着年龄的增长，升入初中后，何某的情绪调节出现了障碍，当有同学欺凌他的时候他就会情绪失控，大叫大喊，大哭大闹，追逐打人。但是他的情绪越失控同学就越欺凌他，以激怒他为乐，这样的恶性循环持续了两年。最近一次是在一个课间，A同学叫B同学帮忙打水，B同学不愿意就叫何某去打水，何某也表示不愿意去，结果B同学就打骂何某，导致何某情绪失控，在上课的时候大哭大叫。经中学生心理健康量表测量显示，何某有比较明显的冲动倾向、对人焦虑倾向、孤独倾向、过敏倾向和考试焦虑，心理健康水平处在比较危险的状况。

而相关研究也表明，欺凌行为对于行为的发出者——欺凌者同样会产生不良影响，这种影响更多的是心理上的。那么，究竟是什么原因导致学生做出欺凌行为呢？

一、欺凌行为的原因

学生做出欺凌行为或成为被欺凌者，是内外因素共同作用的结果。其中，外在因素是来自家庭、学校或社会的压力，以及成长环境中的不良因素；内在因素则是学生本身的心理特质。

1. 外界客观原因

学生之所以做出欺凌行为，与其身心发展的不平衡和成长的环境息息相关。这些内外因素，是他们形成独特的内在心理品质的重要原因。

（1）学生身心发展不平衡导致欺凌行为的产生

随着年龄的不断增长，学生的生理和心理也会逐渐发展。不过，在相当多的时候，其认知能力和控辩能力并不能得到相应的发展，辨别是非的能力和自控能力相当薄弱，于是在面对问题时极易做出非理性的选择，进而做出欺凌行为。

（2）学习压力导致欺凌行为的产生

在校学生，面临着各种各样的压力，学习压力是其中相当重要的一个因素。

在相当多的家长和教师心目中，学生在校的首要任务就是学习，只有努力学习，考出好成绩，考上好学校，将来才能找到好工作。因此，在家中，学生要面临家长的管控，甚至一些学生会承受着家长因为学业成绩不理想而实施的严苛教育；在校内，学生因学业成绩差而受到某些老师不公正的待遇，甚至人格遭到践踏。在校内和校外的双重压力下，学生的情绪处于极度压抑之中，被压抑的情绪达到极限时，就会找到一个宣泄口，那些比他们更弱小的学生就成了替罪的羔羊，欺凌行为就这样发生了。

　　高三学生叶某因为模拟考试成绩不佳，想到回家父母会唠叨，于是在"五一"假期时没回家，而是跑到了学校附近的网吧。邻位恰好是另一个班的林某，也在打游戏宣泄情绪，还不时发出怪叫和各种声音。叶某平时就看不惯林某，现在听了他的声音更加心烦意乱，于是，要求林某小点声。林某正因为考试成绩不理想被父母教训而心情不佳，便不客气地答"想清静别来这儿呀"。于是叶某对林某大打出手。瘦小的林某当然不是身强体壮的叶某的对手，最终叶某造成了不可逆回的后果。据林某和叶某的班主任介绍，二人平时都称得上品学兼优，且每次考试都是所在班级的前三名，是班里有望考上本科的"苗子"，尤其是叶某，他的愿望是上大学后参军。

　　在这个案例中，学生叶某对林某的欺凌，一方面与其个性有关，另一方面与其面临的高三学习压力有关。在极大的高考压力下，他选择了最为简单、粗暴的宣泄苦闷的方式，最终断送了自己的人生。

　　(3) 不良人际交往也是导致学生产生欺凌行为的重要原因之一

　　随着年龄的增长，学生开始选择和同龄人交往并融入群体。此时，其模仿的对象不再限于家长和教师，而是在群体里占有一定地位的人，于是在模仿的过程中，学生会被同化。处于成长阶段的未成年人，因为思想不成熟，极易受到不良个人或群体的挑拨和唆使，于是就会做出欺凌行为。

专题三 欺凌行为心理及对策

　　小华衣着邋遢，学习成绩不太好，在同学们的心目中非常有损班级的形象，因此成为全班同学欺负的对象。这天早上8时多，小华和同学们一起做完早操回教室，在排队途中，小华一不小心将同学小明推倒在地。由于大家平时就看小华不顺眼，于是怂恿小明揍小华。小明犹豫了一下，说："他也不是故意的。"一个同学讥笑着说："打只'臭虫'你也怕了？不会是没胆子吧？"同学们一说，小明脸涨得通红，干脆地说："谁怕谁啊。"于是下午放学时，小明和几名同学在教室的角落里将小华狠狠地教训了一顿。

　　在这里，小明做出的欺凌行为就是其认知能力和控辩能力不强导致的。在大家的怂恿下，他丧失了理智，是非不分，做出了欺凌行为。

2. 内在心理品质

　　相关研究表明，做出欺凌行为的学生大多性格外向、控制欲强、表现欲强；情绪调节能力较低，处事急躁；普遍缺乏同情心，以自我为中心。这些特点，会促使他们将自卑、怯弱、反应不灵敏的学生当或自己的"出气筒"。

　　上午9时课间时间，初一年级的小青因怀疑同班女同学小艳对她不满，朝她翻白眼，便和五名女生强行把小艳带到教学楼三楼的女卫生间，对小艳实行欺凌。事情发生后约10分钟，班主任接到学生报告，立即通知学生处。学生处及时进行了调查，并通知双方家长前来学校协助处理。

　　在这个案例中，我们可以清晰地看到做出欺凌行为的小青的个性特点：霸道、专横、蛮不讲理，以自我为中心，不在乎他人的感受……而这些性格特点，也是众多做出欺凌行为的学生的共同点。

　　（1）唯我独尊的个人价值观

　　做出欺凌行为的学生，或许处于浓浓的关爱之中，其生活中的风雨均由成年人遮挡，一切活动也由成年人予以安排。这种以爱织就的网，人为地割裂了他们和整个社会的有机交融，使得他们的活动绝大多数情况下被局限在一个小的家庭环境中，进而养成以自我为中心，要风得风、要雨得雨的狭隘、自私的个性品质。这样的个性品质，致使他们没有感恩之心，没有体谅他人之心，更不具备换位思考的心态，形成极度自我、凡事以自我为中心的错误的价值观。

这样的学生上学后，因其极度自我的个性致使他们不善于学习，更没有管理情绪的方法，在与人相处中只能接受他人的表扬和奉承。于是，他们在与同学和老师相处的过程中，希望自己可以时时刻刻占上风，希望大家听命于自己。一旦遇到自己看不顺眼或不能接受的情况，就借助从电视、电影中看到的解决问题的方法——欺凌，成为欺凌行为的发出者。

（2）个性自私与冷酷，行为不思进取

做出欺凌行为的学生，还具有相当自私、冷酷和偏狭的个性。这样的个性致使他们在做事的时候，不会顾忌家长和教师的感受，更不会顾忌同学的感受。当一个人缺乏为他人着想的心态的时候，自然也不具有自我反思和自我提高的心态。就这样，这些学生在上学后，不能承受学习的压力，更不能放平心态，一心向学，干脆放纵自己，将理智抛之脑后，由着自己的喜好做事，率性而为成为其做事的唯一准则。当这一准则遭到外界的刺激时，就如上述案例中的小青，就算是对方无意中的一个眼神儿，也让他们无法接受，于是选择伤害他人的身体或夺取对方性命的方式宣泄情绪，满足自己的心理需求。

二、投射，欺凌背后的心理

通过对上述学生做出欺凌行为的内外因素的分析可知，内因是根本原因，而外因是促成内因的要素。换言之，外在环境的影响，使学生形成内在的心理品质，这种心理品质是其做出欺凌行为的根本原因。要理解学生的心理品质和欺凌行为之间的关系，就要理解投射、投射的类型及投射效应。

1. 投射及类型

投射是精神分析学派的一个词语，是由精神分析学派的创始人弗洛伊德提出的，指的是个体的自我在对抗超我时，为减除内心罪恶感所使用的一种防卫方式。简单地说，就是个体把自己的性格、态度、动机和欲望等主观指向，投入客观世界中其他人的身上，使其如投影仪一样呈现在对方身上。

基于结果的不同，投射分为投射性认同和投射性指责两种类型。

（1）投射性认同

认同，是指个体对自己身份、价值、角色和社会群体的理解以及情感的识别和参与，体现了个体对自己在某个群体中的归属感、自我价值感、自我效能感等基本心理需求。比如，每个人对自己是所在家庭中的一员的认知，就是一种认同；对自己是所在班级中的一员的认知，也是一种认同。

投射性认同，就是个体诱导他人以其希望的方式做出相应的行为模式，比如按自己早年与重要抚养人之间的互动模式，将其置于现实的人际关系中。比如，一个孩子在家中犯了错误就会被父母责骂，就会在潜意识中认为犯错就要被责骂，那么在成年之后的人际关系中就会通过言语、动作、眼神甚至行为"证明"自己的潜意识是对的，进而迫使他人做出相同的行为。一旦对方没有按自己的要求做，性格暴躁的学生就会做出欺凌行为。

（2）投射性指责

所谓投射性指责，简言之就是"背黑锅"。这种投射体现为以下三种方式：一是通过转移视线的方式，企图将自己的过错放在他人身上；二是把本该自己承担的责任投射到他人身上；三是把自己在某件事情、某些方面的不满情绪，投射到其他人身上，进而给予对方加倍的指责和惩罚。如之前案例中的叶某就是将对家长和老师的不满，发泄到了同学的身上，做出了欺凌行为。

2. 投射效应及其本质

投射效应是指以己度人，认为自己具有某种特性，他人也一定会有与自己相同或者相似的特性，从而经常把自己的感情、意志、特性投射到他人身上，并认为对方也应该有同样的感受和认知。投射效应反映的就是最普通的人性，即人都是靠推己及人来反向自我保护的，个体无论出身环境、成长经历、外表、家庭、财富、教育等先天或后天有何不同，但一生都在穷尽所能证明自己的价值体系是合理的，一旦发现和自己认定的"正确理念"相反的人和事，就会毫不留情地予以嘲讽、攻击，以证明对方的错误，维护自己的价值体系。

3. 欺凌背后的投射

心理学家罗斯曾以大学生为实验对象，做过一个实验：研究人员向 80 名参加实验的大学生征求意见，问他们是否愿意背着一块大牌子在校园里走动。结果，48 名大学生同意背着牌子在校园内走动，并且认为大部分学生都乐意像他们一样背着牌子在校园内活动。32 名拒绝背牌的学生则普遍认为，仅有少数学生愿意背着牌子在校园内活动。由此可见，此两类学生均将自己的态度投射到其他学生身上。

投射效应在现实生活中以两种形式表现出来：一是感情投射，就是理所当然地认为自己的好恶就是他人的好恶，将他人的特性硬纳入自己既定的框架中，用自己的思维方式加以理解；二是主观性的认知，将自己的主观看法投射到某些人或事上，对与自己的观点相符的人或事进行美化，对与自己的观点不相符的人或事进行丑化，从而失去了认知的客观性，使自己陷入偏见的泥潭。

刘伟平时习惯用摔门来表达自己的情绪，一旦和谁闹矛盾就会摔门而去。一天，他正在寝室中愉快地打游戏。突然，李亮走进宿舍，身后的门发出"砰"的一声。刘伟顿时就火了，把键盘扔在一边，怒气冲冲地对李亮说："你是不是对我有意见?"李亮莫名其妙。刘伟说："你对我没意见，你摔什么门?"随后，刘伟对李亮做出了欺凌行为。

在这里，刘伟主观上认为摔门就是有意见，因此当李亮无意中关门的声音过大时，他就用自己的观点解读李亮的行为，从而认定对方对自己有意见，进而陷入偏见的泥潭，做出欺凌行为。这表明，刘伟的欺凌行为是其错误的价值观和不正确的主观看法促发的。此二者源于其在成长过程中形成的心理品质。

主题 3

应对欺凌行为，教师这样做

教师在学校与学生接触最为密切，最容易发现欺凌现象，因此在应对欺凌行为的发生上发挥着无可替代的作用。

发生在学生之间的欺凌行为，在某种程度上就是投射效应的反映。教师应该怎样做，才能减少或杜绝此类行为的发生呢？

一、细心观察，及时预防

欺凌行为的发生是需要一个过程的，倘若教师能细心观察，总能发现蛛丝马迹；倘若教师能做好预防工作，也同样可以将欺凌行为扼杀在萌芽中。

1.做好预警工作，留心欺凌征兆

学生对于欺凌现象并没有明确的认识，尤其是做出欺凌行为的学生，他们对于欺凌现象造成的后果及严重性一无所知，而其他旁观角色的学生也对此没有意识。所以，教师有必要将这一现象的定义、行为或方式告知学生。

（1）借助形式多样的活动，帮助学生认识欺凌行为的危害

教师要了解欺凌行为背后的情感、行为原因，将预防欺凌行为的发生渗透教育教学中，借助于多种形式的活动，让学生深刻认识到这一现象的危害，从而有效预防欺凌行为的发生。

"反校园欺凌，建平安校园"主题班会

一、活动准备

（1）每人准备一件有关校园欺凌的事情。

（2）播放几则校园欺凌纪实片。

（3）制作课件。

（4）准备一句反欺凌口号。

二、活动过程

（1）开场进行简单的介绍。

校园欺凌是指同学间欺负弱小的行为，校园欺凌多发生在中小学，由于很多国家实行九年制的义务教育制度，受害者会长期受到欺凌。欺凌过程蕴藏着一个复杂的互动状态，欺负同学会使同学构成心理问题，影响健康，甚至影响人格发展。

（2）下面请每个同学都来说一说你对校园欺凌印象最深的一件事情。（略）

（3）大家说了很多欺凌事件，下面我们来看看一些真实的校园欺凌事件。（播放校园欺凌纪实片）

（4）看了这部纪实片，大家有什么看法呢？（略）

（5）我们将怎样用实际行动来反欺凌？请大家说说各自的想法。

（6）请胡同学带领大家读口号。

（7）活动结束，请班主任老师讲话。

上面的主题班会，采用了说、看、思相结合的活动方式，引导学生边观看边思考，深刻地理解欺凌行为的性质和表现，认清其危害，使学生提高对欺凌行为的认识，从而很好地预防和应对。

（2）教师要多留心欺凌现象的征兆

针对小学阶段的校园欺凌主要表现在以下两个方面——身体攻击和心理攻击。其中，身体攻击容易发现，如果发现学生有明显的身体外伤、逃学、人际交

往中胆怯畏缩、学习成绩下降等，教师就要将其列入欺凌行为的前兆。心理攻击则多表现为孤立，学生之间如果出现孤立现象，教师就可以建议采取小组合作活动的方式让被欺凌者融入集体中，避免其持续受到孤立，使欺凌行为无用武之地。

当然，识别欺凌行为具有较大难度，一方面是由于欺凌行为难以准确界定；另一方面其发生没有规律可循，具有随意性和普遍性，且受害者通常不报告。但根据英国心理学学者的研究，教师可以通过以下 4 种方法识别欺凌行为。

方法 1：学生自我报告被人欺凌或参与欺凌他人。

教师可以借助这种方法，采用匿名问卷调查的方式对学生是否受过欺凌进行调查，从而采取相应的对策，做好应对和预防欺凌工作。

方法 2：同伴举报。

教师可以通过询问某个学生了解谁欺凌同学或哪个同学被欺凌。这种方法简便易行，只需教师经常有意识地进行，因而被看作最为有效的方法。不过，这种方法有一定的局限性。研究表明，中小学生，尤其是高年级的学生通常不愿意向外人报告自己曾经受到欺凌。

方法 3：直接观察学生的行为。

教师通过观察学生在公共场所，如操场、图书馆和餐厅等处的表现来了解情况。许多学校开始广泛使用监控录像等手段对公共场所进行监视。这种方法对于防止欺凌行为的发生可以起到明显的震慑作用。教师在必要的时候，可以调取学校的监控录像，以便了解相应的情况。

方法 4：学生访谈。

教师可以不定期选择 4～8 个学生进行小范围的访谈，了解学生群体的基本情况。同时，教师还要注意对所有欺凌事件进行详细的事件报告记录，这样就可以让我们获得充分的相关信息。

2. 了解学生，加强养成教育

一方面，针对做出欺凌行为的学生，教师可以采取温和的态度，倾听其言说，了解其欺凌行为的原因与动机，进一步发掘此行为的真正成因，必要时也可与家长联系，形成家庭、学校的双面支持，使其意识到学校与家庭对于遏制欺凌行为的坚决态度。当然，教师还可以联系心理教师或相关心理机构，获得相应的支持，对做出欺凌行为的学生进行心理治疗或心理辅导。

另一方面，教师要加强对学生的养成教育。教师要不懈努力和坚持工作，在平时的教育教学工作中多下功夫，多向学生渗透思想道德文明教育，促使学生养成良好的习惯，预防欺凌行为的出现。

二、科学引领，做好应对指导

除了预防，教师还要对学生进行科学的指导，使之在面对多种多样的欺凌行为时能科学预防和有效应对。

1. 言语羞辱的预防与应对

教师要告诉学生，面对言语欺凌行为，最重要的是保持淡定的心态，学会宠辱不惊。须知，欺凌者的目的就在于借助语言，在心理上折磨被欺凌者。因此，不妨将对方的羞辱当作一种能力的训练，一方面淡然处之，形同不闻；另一方面学会自我反省，看一看自己是不是真的存在这样的问题，有则改之，无则加勉。在此基础上，还要认识到一味地忍让会助长对方的气焰，在必要的情况下，心平气和且无畏地反击对方，同时寻求法律支持。

除了告诉学生用以上方法应对言语欺凌行为，教师还要引导学生学会肯定自己，调整自己的心理，让自己以健康、良好的心理素质面对校园发生的一切。这样一来，那些欺凌性的言语羞辱就失去了作用。对方无法达到自己的目的，自然会无趣地离开。

2. 财物欺凌的应对与预防

在下面这个案例中，刘某对方某实施的欺凌行为就是财物欺凌。

专题三 欺凌行为心理及对策

刘某是某中学的学生，在一次偶然情况下进网吧玩了一会儿，觉得挺好玩，后来就经常去网吧，沉迷于网络游戏，但父母不给钱，怎么办呢？他想到了向同学下手。

一天，他在该中学操场玩时看见了同学方某，就走上前要方某给他钱，并威胁方某说："你以前跟别人打过架，被打的人叫我来拿医药费，不给钱就叫人来打你。"方某很怕，便将自己身上仅有的5元钱给了刘某。此后，刘某陆续向方某巍要了3次，共计64元。其中一次，刘某逼方某带他到方某父亲那骗取了30元；最后一次，刘某逼方某拿50元，方某不给，刘某便将他带到一个偏僻的地方，进行欺凌，并逼迫方某第二天中午把钱交到自己手中。

面对这种欺凌行为，青少年应该如何做呢？

（1）根据当时的情状，采取适当的方法，首先保护自己

一是反抗，即当对方力量与自己相当或不如自己时，要寻找对方的薄弱之处，乘其不备，控制对方；如发现地上有反击物（石块、木棒），可以佯装蹲下系鞋带，捡起反击物震慑对方。

二是想办法感召对方，即通过讲道理，晓以利害，开导对方；或义正词严地斥责对方，使其自我崩溃，放弃违法犯罪行为。

三是巧妙地与对方周旋，佯装服从，稳住对方，分散其注意力，寻机脱身报警，尽量跑向人多的地方，分散对方的注意力。当然，逃跑的时候也要抓住时机，不要一味地蛮撞、硬冲。

四是不妨耍赖，即突然倒地打滚或喊叫号哭，这样做的目的是引来围观者，可以趁机报警。

五是向周围的人呼救，可以突然大吼"救命啊"，以此引来旁观者，伺机脱身。但要注意的是，一定要寻准时机，不然会激起欺凌者更加残暴的伤害。

六是当不远处有大人时可佯装认识，直呼"二叔""三婶"，以此让对方认为自己有亲属到来，自动撤离。

七是佯装害怕，暂时答应对方的条件，约定时间地点交钱物，待对方离开后报警。

八是把书包或身上值钱的物品向远处抛去，当对方忙于拿取时，快速脱身报警。

（2）多加预防，谨言慎行

要想不被以敲诈勒索的方式欺凌，一定要遵纪守法，特别是在假期，不要去游戏室、网吧、舞厅等地方；做到自我约束，增强防范意识，如不穿奇装异服，不使用高档手机等高消费产品，以免引起别人的注意；不常在小店门口溜达，不去敲诈者聚集的场所；不学不健康的语言、动作，不主动与陌生人搭话等。

总之，预防的方法不胜枚举，个人也有情况的差异，但最关键的是要培养健康、文明、科学的生活方式，培养自己的自制力，不受外界不良诱惑的引诱。

3. 身体欺凌的应对与预防

殴打属于校园欺凌中的身体欺凌。这种欺凌方式频繁出现在校园欺凌事件中，而且在有的事件中，主要以此种欺凌方式为主。

一天晚上，张先生的儿子小 W 在放学途中，被几个高年级学生拦住殴打。几天后，这几个学生又在半路将小 W 堵住，对其进行殴打。这些学生不但在上下学途中殴打小 W，还跟踪到其家门口。某天，张先生送儿子上学途中，这些学生从半路一直追到学校附近，不但殴打小 W，还攻击了送儿子上学的张先生。"平白无故打人，连大人都敢打，胆子真的太大了。"张先生说。

小 W 受到的欺凌就是身体欺凌。倘若遇到小 W 这样的情形，应该怎么办？

（1）保持冷静镇定

这一点相当重要。当欺凌者看到被欺凌者没有因为自己即将面临殴打而惊慌时，首先就在心理上失去了殴打的兴趣。同时，保持冷静还可以给自己时间思考下一步如何做，如询问对方殴打自己的原因，告诉对方打人是犯法的，让自己有机会观察周围的情形，或向他人求救，或寻找机会逃跑。

（2）暂时求饶

一些欺凌者之所以欺凌他人，是基于投射心理，是为了满足其自大的心理。因此，当面对对方的欺凌时，不必逞强，必要的时候一定要求饶。这不是懦弱的表现，是为了减少伤害采取的自我保护策略。

（3）尽量减少伤害

倘若无法逃离，求饶也无效，那么就双手抱头，尽力保护自己的头部，尤其是太阳穴和后脑勺。这样一来，就可以让自己在遭到殴打时，将危害尽量减到最小，不致危及生命。

总之，无论是对待哪种形式的欺凌行为，一定要注意及时预防，无论在校内或校外，都要提高警惕，如果发现自己存在被欺凌的危险，要及时向他人求救，或向老师反映，或告诉家长，或报警。

专题四
焦虑情绪心理及对策

　　随着社会的发展，越来越多的心理问题呈现浅龄化。焦虑这一常见于成年人的情绪及心理，也在青少年学生中表现出来。学生一旦与焦虑结伴而行，就会产生恐惧等负面情绪，从而不同程度地影响学习与生活。教师要识别学生的焦虑行为，分析其心理因素，引导其科学应对和处理，助力学生健康成长。

主题 1

焦虑情绪的典型表现

在很多人的眼中青少年学生是无忧无虑的，然而相关研究表明，每 100 个青少年里就会有 11 个人存在焦虑情绪。焦虑就是个体对现实或未来事物的价值特性出现严重恶化趋势所产生的情感反应。这种情绪折磨着青少年学生，严重影响着他们的学业能力、社交能力和生活幸福感。具体来说，青少年学生的焦虑情绪表现为以下三个方面：学习焦虑、社交焦虑和青春期焦虑。

一、学习焦虑

青少年学生的焦虑，主要体现在学习上，也就是学习焦虑。这种普遍存在于学生中的问题，是指学生在面对学习任务时，出现一系列负面情绪、反应和认知，主要表现为担忧、恐惧、疑虑、自我怀疑、自我否定、自我压力，并在现实生活中出现诸多症状。

1. 上课无精打采、犯困

青少年学生的学习焦虑，最初只是表现为上课的时候无精打采，身体疲惫，总想睡觉，甚至体质也变得较差，经常感冒、发烧等。

小钱是某重点小学二年级学生，父亲是一名文艺工作者，母亲是一名普通职员，家里的经济状况较好。

早在入学之前，父亲便希望他长大后成为一名钢琴演奏家。上学后，小钱每星期要接受钢琴辅导三四次，有时为了完成训练计划，要弹到晚上11点，第二天早上还要照常上课。在弹琴过程中，如果弹累了出现差错，或者不想练琴，父亲就会增加训练时间。

长时间下来，小钱的专长培养的确收到一些成效，但基础课学习却受到很大的影响。同时，老师发现小钱上课时没精打采，经常打瞌睡。小钱的妈妈也说他在做作业时常趴在桌上打盹儿，整天有气无力的样子，还经常感冒，体质越来越差。

在这个案例中，学生小钱出现的症状，其实就是学习焦虑的表现，只不过焦虑情绪还处于开始阶段，表现得不明显，但已经影响到他的学习和身体健康。

2. 一学习就头痛、胃痛

青少年学习焦虑随着程度的加深，会由开始的身体疲惫、体质下降，到出现头痛、头晕等症状。

小学四年级的小丽在校是少先队干部，还是班级的学习委员。父母和老师对小丽充满了极大的期望，当然要求也比较严格。

在家，父母要求小丽门门功课必须在95分以上，有时算术得了98分，他们也不满意，认为丢掉那2分太不应该。对于小丽的业余爱好，父母也抓得很紧，要求她琴棋书画样样精通，请人教她学电子琴，托人安排她到少年宫参加少儿书画培训。小丽的父亲精通棋术，抽空便教她下围棋、下象棋。可以说，小丽的时间被安排得满满的。在学校，老师经常以她的作文为范例，在全班进行讲评。

父母和老师的双重期望，让小丽感到极大的心理压力，因此她学习得更加刻苦用功，丝毫不敢懈怠。但从三年级下学期开始，小丽感到力不从心、疲惫不堪，不但隔三岔五就感冒，而且有时一拿起书本就觉得头痛，课堂上有时也感觉脑袋发晕。

在这个案例中，小丽在父母和老师的双重期望下，承受着较大的学习焦虑，由此出现了较严重的学习压力，不但身体疲惫，体质下降，还出现了头晕、头痛的症状。

3. 恐惧失眠，拒绝上学

如果学生对于学习的压力持续增加，到一定的程度还会出现更加严重的症状，如头晕、头痛，还会因为恐惧而导致失眠，最终发展为恐惧上学，拒绝上学，甚至离家出走。

高一学生王某生长在一个离异家庭。妈妈将所有的希望都寄托在他身上，每天晚上都在家里陪他读书，从来不出去，也不允许他出去玩。从初二下学期开始，王某的成绩不断上升，初三结束时在全校排名前10。

升入高一的前两次月考，王某连续名列全年级第一名。但接下来的一段时间，王某不但上课时常没精打采，晚上还睡不着觉，很紧张、害怕，白天常想要睡觉却睡不着，经常感到胸闷、头疼。他的学习依然很优秀，班级排名始终保持在第一、第二名。

一次晚自习时，他实在无法集中精力学习，就看小说缓解一下，没想到被老师发现。老师不但将他的小说没收，严厉批评，还要求他下次月考必须保持第一名，否则没收的小说不还给他。随后，老师又把这一情况告诉了他的妈妈，妈妈狠狠地骂了王某一顿。

从那之后，王某产生了严重的学习焦虑，只要考试就会感到心跳得特别快，胸也闷得透不过气。

这个案例中，学生王某表现出的症状和情绪，就是严重的学习焦虑，已经发展到了让他拒绝和逃避学习的程度。

总之，学习焦虑作为青少年焦虑行为及心理的重要表现，致使学生出现上课无法集中精力，内心被不安、焦灼感所困扰，无法专注于学习、深入地思考学习内容的症状，进而对学习失去信心，甚至发展到讨厌学习、逃学的程度。

二、社交焦虑

青少年学生在成长过程中，除了要面对来自学业方面的巨大压力和挑战，还要面对随着社会急剧转型和教育竞争不断激化下，来自家庭及人际关系等方面的压力和挑战，由此引发社交焦虑，出现相应的行为及心理问题。

1. 心跳加快，紧张出汗

青少年学生一旦出现社交焦虑的问题，身体就会出现相应的症状，教师可以借助于观察其外在行为获知。轻微的社交焦虑，表现为学生在班级活动或课堂活动之前或期间出现怯场的症状，一方面当出现在很多人面前时会感到极度不适、被动或不活动，另一方面则表现为出现腹泻、恶心、多汗、心悸和呼吸急促等症状。

小雨是一个女孩，从小就很安静。升入小学后，她适应得很快，成绩也很优秀。但妈妈发现，她在家时喜欢待在自己的房间画画、读书，和父母也不太交流。老师发现，小雨在班内比较沉闷，没几个朋友，也不怎么和同学打交道，缺少属于她这个年龄段的活泼，而且似乎有点害怕面对老师和同学。一次，老师安排小雨在主题班会上发言，她不但说话磕磕巴巴，出了一头汗，还差一点儿哭出来。据其他学生反映，小雨在发言时身体都颤抖了。

2. 不合群，喜欢单独活动

学生一旦出现社交焦虑问题，除了身体症状，还会出现一个突出的行为表现，那就是不愿意与人接触，比如不愿意参加课堂小组活动，不喜欢和很多人在一起活动，发展到一定程度时，会表现为回避与他人的接触，不合群，喜欢单独活动。

高二学生小王从小就不喜欢与人接触，当父母的同事、朋友到家里来时，她不敢与人打招呼，总是想办法躲起来。高中后，这种情况稍微好转，但在集体开会等场合还是不敢讲话，除非对大部分人都很熟悉，否则一般的聚会、集体活动都不参加。她不敢和别人说话，不敢看交谈者的眼睛，一讲话就脸红。在公共场合，她不但不敢和熟人打招呼，而且会紧张得发抖，手都在出汗，甚至心慌、难受、想逃离。

三、青春期焦虑

青少年学生进入青春期后，由于身心的生长发育或受其他外部因素的影响，或多或少都会出现焦虑情绪。这种焦虑是青春期的一种不愉快的、痛苦的情绪体验，依据个体不同，有的青少年学生会出现较强的心理或躯体的不适，进而影响到正常的学习和生活。具体来说，这种青春期焦虑会呈现以下行为或心理表现。

1. 紧张、恐惧等情绪

存在青春期焦虑的学生常见的表现就是会莫名其妙地感到恐惧、紧张、羞涩，甚至孤独、烦恼和自卑。这种情绪上的变化是某种莫名的原因引起的情感或心境的改变。

小美上小学四年级了。最近，她发现自己的身体发生了一些变化：胸部开始突起，乳晕较之前增大，而且一不小心碰到就会疼痛。小美觉得羞耻，没有告诉爸爸妈妈，自己上网查了相关的资料。由于没有得到正确的解释，她对自己产生的变化感到担忧，认为可能是得了什么病。于是她每天闷闷不乐，有时会突然哭泣。①

---

① 案例来源：帮孩子摆脱青春期焦虑（上）. 青岛家校合作网（https://www. qdedu. net/sjz/5423/5424/cz51/102079/index. shtml#）.

这个案例中，小美的表现就是由青春期身体的变化引发的，是对于青春期相关知识的不了解，出于对未知事物的恐惧而产生的一系列负面情绪。

2. 头晕、头痛等身体不适

身体不适，即身体不舒服，就是身体出现了种种不舒服的症状，比如头晕、头痛、失眠、厌食等。

小伟本是一名无忧无虑的少年，可刚升入初中不久的他，最近却经常头痛、头晕。早晨上学，他感觉自己是不停转动的机器；在课堂上，他心里总觉得有什么事放不下，眼睛看着讲课的老师，耳朵却什么也听不进去；下课铃声一响，他又为荒废了一节课而懊悔。他还开始莫名其妙地失眠，第二天上课时更加无法集中注意力听课。因此，他的成绩下滑了不少，这又让他更加睡不着觉，头晕和头痛的情况更加严重。[①]

在这个案例中，小伟出现的问题，就是青春期的青少年学生伴随着学习压力和生理变化，引发的情绪问题，进而出现身体不适的症状。

3. 坐立不安、心神不定

除此之外，青少年一旦出现青春期焦虑，还会表现出坐立不安、心神不定、上课时注意力无法集中等神经性症状。

14 岁的少女苗苗自从初潮之后，妈妈给她讲解了一些相关的应对方法，通过学校的生物课也了解了这一阶段的变化特点。即便这样，她还是在这个阶段表现得特别反常，比如在家总是坐立不安，吃饭也匆匆忙忙的，睡觉也不安稳，做事情总是丢三落四的；在学校上课不能集中注意力，心神不安，好像有什么事

---

① 案例来源：帮孩子摆脱青春期焦虑（上）. 青岛家校合作网（https：//www. qdedu. net/sjz/5423/5424/cz51/102079/index. shtml#）.

情。对此，妈妈和老师都感到有些担忧。

实际上，案例中的苗苗就处于青春期焦虑的困扰之中。这是源于身体发育和心理变化带来的困惑和压力。

主题 2

不同焦虑情绪的心理分析

青少年学生出现的焦虑问题和心理，主要以情绪上的波动和行为上的反常为主，这种情绪上的变化和行为上的反常，其实是源于他们承受的内外压力。

一、学习焦虑背后的心理

青少年学生之所以出现学习焦虑现象，一方面是源于其内在的心理需求缺失，另一方面是源于其认知出现偏差。

1. 心理需求缺失

人本主义心理学家马斯洛在其需求层次理论中指出，个体在发展过程中有以下五种需求，由低到高依次是生理需求、安全需求、归属和爱的需求、尊重需求和自我实现需求。其中，安全的需求会让人免除恐惧和焦虑，尊重的需求使人相信自己的力量和价值，使得自己更有能力，更有创造力。一旦个体在成长过程中产生不安全感，或者没能获得他人的尊重，就会恐惧和焦虑。

当前，相当多的学生家长对孩子的学习过度关注，"鸡娃"现象层出不穷，甚至家长以成绩的好坏来区别对待孩子。他们对孩子的要求过高，对孩子的学习成绩心存不切实际的期望，一旦孩子的学习未能达到他们的预期，就会表现出失望，即便是言语上听不出来，但其失落的神态也会让孩子感到内疚，造成他们沉重的心理压力。

17 岁的小林从高二下学期开始精神状态就不好，每个月都会请几天假不去学校，到了高三更为频繁，每周至少两天不去上学，这可急坏了从小就望子成龙的妈妈。

眼看孩子逃避学校，妈妈非常着急，担心孩子的课程会落下，不断向儿子施压。小林迫于妈妈的焦虑和压力，不得不让自己坚持学习，可学习不但没提高，反而因为这种压力而产生越来越严重的厌学情绪。他在日记中倾诉自己的心结："我觉得压力好大，每天学习到很晚，但学习成绩并不见提升，再加上妈妈对我的期待太高，我根本不知道怎么跟她沟通。"在这种高强度的压力下，小林感受不到任何学习的乐趣，每天都很疲惫，实在撑不住了就找理由不去学校，但内心又为自己逃学感到愧疚。①

一些教师对学生采用不科学的评价方式——以成绩论英雄。学生的学习成绩好，教师就认定学生一切都好，对其大加表扬，甚至多方面开"绿灯"；学生成绩不好，不但经常找其谈话、施压，还会给予特殊"待遇"，如按成绩的高低排座位，从而让学生极其关注学习成绩的好坏，并随着成绩的好坏而或喜或忧，进而承受着巨大的心理压力。

小刘是某市一所中学的学生，学习成绩很好，很受老师的器重，只要有竞赛活动，都会被选派参加。每次参加竞赛前，老师都要给她进行个别辅导，布置很

---

① 案例来源：高中生压力缓解案例. 525 心理网（https：//www. psy525. cn/exp/2123. html）.

多模拟试题。

但小刘总担心竞赛失利，对不起老师，因此对数理化的竞赛很反感，但不得不强学强练，甚至竞赛前几天苦练苦算到深夜。时间一长，她开始睡不着觉，头痛、头晕，经常失眠、多梦，梦见在竞赛时交了白卷。

这一学期的期末考试，她全科失利，平均分数仅七十分。从此以后，只要临近考试，她就心慌，白天神疲乏力，无法集中注意力听课，夜晚彻夜失眠。

青少年学生在成长过程中，安全感的获得首先来自家庭和学校，其次是社会。如果在这三种环境中，他们没有获得安全感，就会产生焦虑和恐惧；如果在这三种环境中没有获得尊重，就会产生低价值感，丧失前进的力量。当学生在家庭和学校中没有获得安全感和尊重时，他们就会产生恐惧和焦虑，从而出现焦虑行为。

2. 认知出现偏差

在下面这个案例中，学生赵伟身上表现出明显的学习焦虑，而这种焦虑是由他错误的认知导致的。

高一男生赵伟升入高中后成绩始终不见起色。对于这种情况，赵伟很不甘心，认为一定是自己学习不够努力。因此，他学习得更加努力，总是早早地到教室，很晚才离开，课间也不休息，但学习成绩并不理想。这让他相当焦虑，同学交流时一提到学习他就不高兴，认为别人在故意嘲笑他。他还特别在意别人对他的看法，无论别人说什么，他都觉得在说他，而且总是觉得别人看不起他。因此，他在班里很少与其他同学说话，同学关系也很紧张。因为是住宿生，舍友有时会提醒他按规定作息，整理好自己的物品。这时，他不仅不理会，而且很生气，认为别人是故意针对他。

认知是个体对自己和他人心理状态和行为进行不同的解读方式。不同的心理认知，会影响个体的学习动机、学习策略和学习效果。在青少年学生的成长过程中，正确的认知引导和维护着其正常的学习行为。如果一些学生在学习中出现认知偏差，就会给自己造成沉重的心理压力，进而引发焦虑。

首先，一些学生在学习困难或偶然的考试失利时，存在认知偏差，如夸大失败风险、否定自己的能力等，进而使自己承受较大的心理压力，引发焦虑行为和心理。

其次，一些青少年学生追求的目标过多，操心事过于繁杂，导致其学习无法专心，不能进行长时记忆，无法耐心而有效地学习，他们却错误地认为是自己无法理解，或者觉得自己无法胜任，这种错误的归因也会让其产生压力，进而引发焦虑行为和心理。

最后，一些青少年学生没有掌握正确的学习方法，学习方法过于死板，不能根据自己的学习情况加以调整，不能高效地完成学习任务，却认为自己的能力不足，从而加重自己的心理负担，引发焦虑行为和心理。

二、社交焦虑的心理分析

研究表明，社交焦虑严重影响青少年的心智健康发展，严重者会引发学生的抑郁情绪，甚至可能导致其做出自杀行为。究竟是什么心理原因导致学生出现这种焦虑心理呢？从心理学的角度来看，引发青少年学生社交焦虑问题的原因包括以下3个方面。

1. 人格特质

所谓人格特质，是一种能使人的行为倾向表现出一种持久性、稳定性、一致性的心理结构，能引发和主动引导人的行为。

国内外研究发现，焦虑与个体的人格显著相关，即性格越稳定外向，焦虑水平则越低。高宜人性、高谨慎性、高外倾性是焦虑抑郁情绪的重要保护性因子，而情绪不稳定的个体更容易产生焦虑。因此，如果学生属于内向、神经质的人格特质，那么相比于其他人更容易情绪化，也因此更容易引发紧张的人际关系，也就更容易因为紧张的人际关系而产生焦虑情绪。

2. 自尊水平低

自尊是个人基于自我评价产生和形成的一种自重、自爱、自我尊重的情感体验。它是影响社交焦虑的重要因素。

如果个体的自尊水平低，那么就易引发焦虑情绪。这是因为在低自尊的人眼里，自己一无是处、能力差、毫无价值。就算是他们凭借自己的努力完成了目标，他们也不会将成功归于自己的努力，而是归于时机运气。相反，一旦他们遭遇失败，则会将其归咎于自身，甚至因此认定自己是一个无价值、没用的人。这致使他们敏感自卑，经常因为缺乏自信而渴望得到他人的认可，并极易因他人对自己的态度而受到伤害。这种总是通过他人的态度和目光来看自己的人，总是害怕从别人的目光中找到挑剔和轻视，一言一行都过于敏感小心，从而在与人交往中极易产生焦虑情绪。

就这样，低自尊的人内在的消极意识导致消极情感，消极情感又引发了消极行为，然后消极的思维又从消极行为中找到支持的恶性循环，从而在人际关系中倾向于把社交情境误认为是恐怖的，让自己周而复始处于焦虑情绪之中。

3. 认知偏差

研究表明，认知因素中的自我评价、归因方式等决定着个体在社会交往中的评价是积极的还是消极的。一些青少年学生因为存在认知偏差，在社会交往中总是产生负性评价，从而引发社交焦虑。

（1）在认知上存在注意偏差

所谓注意偏差，就是指焦虑个体对外界的负性信息比较敏感，且优先对这些信息进行选择性注意。这致使他们对自身和外在环境抱有负面的认知图式，极易将注意力聚集于负面的信息，进而产生焦虑情绪，做出回避行为。

2019 年，研究人员请高特质焦虑者和低特质焦虑者观察愤怒和中性表情的人物面孔。结果发现，相比于低特质焦虑个体，高特质焦虑者对于其中的愤怒面孔表现出更高的注意偏向。接下来，研究人员请高、低特质焦虑者注意屏幕中央的愤怒或中性面孔，然后对面孔周围的字母做出反应，结果发现高特质焦虑个体在面对愤怒人脸时反应的时间显著变长，这表明他们很难将注意力从愤怒人脸转移开，而这致使他们极易产生压力，进而产生焦虑情绪。

（2）对于一些模糊性事件，存在负性的解释偏差

所谓负性的解释偏差，就是指他们更倾向于歪曲外界的真实反馈信息，以消极的方式来理解社交事件，从而引发焦虑情绪，进而做出回避行为。

2017 年，相关研究人员以 8~12 岁的社交焦虑儿童为被试，向他们短暂呈现情绪表情，其中包括中性、快乐、愤怒、厌恶和恐惧情绪，然后让他们判断呈现的面部表情是中性的、消极的还是积极的。结果发现，存在社交焦虑的儿童更多地将中性表情解释为含有消极情绪的面孔。

2018 年，相关研究人员采用词句联想的方式，针对社交焦虑者进行了解释偏差的实验。实验人员向被试呈现威胁性解释的诱导词语或积极性解释的诱导词语，然后给出一些语句，其中包含模糊的社交情境和非社交情境，并且每个句子分别与威胁性解释和积极性解释有关。当句子消失后，要求被试对诱导词与模糊语句是否存在联系做出反应。实验结果表明，社交焦虑者在社交情境上会出现较多的威胁性解释，而积极性解释较少。

（3）对外部负性社会事件和消极情绪面孔格外敏感

这类学生往往表现出特有的负性记忆偏向，从而使之在回忆到这些事件或处于相似的事件情境中时产生焦虑情绪，进而做出回避行为。

当然，青少年学生的以上认知偏差，与其生长的家庭环境相关——如果青少

年处于父母人际关系不协调，经常出现矛盾和冲突的家庭氛围中，他们会在潜移默化的影响下形成错误的认知；如果青少年学生在家庭中接受的是拒绝、惩罚、粗暴等教养方式，或者严厉专制、过分干涉和保护的教养方式，他们也会形成错误的认知；如果青少年学生生长在角色缺失的家庭中，比如单亲家庭，他们会因为家庭结构缺乏完整性，形成不完善的认知。

总之，青少年学生在成长过程中形成的认知偏差，会致使其在人际交往中存在自卑心理，严重怀疑自己，害怕别人对自己做出负面的评价，进而产生社交焦虑，最终为了自我保护做出回避行为。

三、青春期焦虑的心理分析

青春期是青少年学生焦虑的高发期，此时个体的身体发展速度很快，不仅身高、体重、内脏器官都会迅速发展，同时也会有性的发展，这使得他们在心理上发生巨大的转变。在个人的情绪和思想发展迎来一个新的转折点的同时，其心情、情绪和行为也会发生变化。

1. 恐惧反应

当个体身处险境时，恐惧感和其他感受一样，都是一种自然的情绪反应。相比于其他阶段的个体，青春期的青少年即使在各种威胁都消退已久，置身安全的场所中时也会产生严重的恐惧反应，进而产生焦虑情绪。

生物学研究表明，人的大脑杏仁核对衡量及应对恐惧感至关重要。同样是面对恐惧，处于青春期的个体的大脑杏仁核的反应比儿童和成年人更为强烈，进而在个体不曾思考时就开始传递和接收额前皮质发出的危险警报，使得恐惧回路成为双向道。而负责有效施加自上而下的管控作用，赋予人体更加精确评估环境风险的能力的额前皮质，是大脑中最后一批发育成熟的部位之一，这就决定了青少年调节情绪的能力远远低于成年人。因此，当性发育加速时，比如出现初潮、乳房发育、遗精等现象时，青少年学生会因为对自己的体态、心理、生理等方面的改变感到陌生，甚至茫然，而产生严重的恐惧反应，进而引发焦虑情绪。

2. 担忧心理

个体进入青春期后，随着生理的变化，开始在意自己的性别角色和形象特征。比如，女孩希望自己美丽、温柔，男孩希望自己帅气、威武。一旦没有达到自己的期望，他们在内心就会感到自卑和苦恼。

除此之外，青春期的学生渴望得到异性的关注，但因为在现实中无法得到满足，便会担忧自己不够好，从而变得沮丧。这种由生理变化引发的内心矛盾和冲突，加重了他们的担忧心理，也同时引发了他们的焦虑情绪。

青春期是青少年学习生涯的重要阶段，也是他们人生学习的黄金时期。此时的他们面临着很大的学习压力和竞争压力。一旦其努力学习而没有达到预期的效果，就会产生担忧心理，担心家长和教师失望、不满，从而失落、沮丧、自卑，甚至产生焦虑情绪。

主题 3

分清类型，科学处理学生的焦虑

作为青少年学生比较常见的一种情绪反应，焦虑的表现形式和背后的心理有共同之处，也有不同之处。教师要在分清学生焦虑类型的前提下，采用科学的方法，对症下药，引导学生认识焦虑背后的心理问题，采取科学的对策，做好自我调整，减轻焦虑，健康成长。

一、学习焦虑的处理

学生之所以产生学习焦虑，一方面是基于其内在心理需求；另一方面则是由于其内心存在认知偏差，即没有正确地看待学习，没有采用适合自己的科学的学习方法。教师在实际的工作中，可以采用以下策略对学生进行科学引导。

1. 创设轻松的学习氛围

教师要避免学生产生学习焦虑，或帮助学生减轻学习焦虑。首先就要注意改善学习环境，营造轻松的学习氛围，以减轻其压力。

（1）营造良好的师生关系，用真心和真爱对待每一个学生

教师要认识到，学生是有独立人格的人，渴望受到尊重，渴望与师长平等交流，渴望自由地发表意见。因此，在教学过程中，对学生要给予积极的评价，以表扬、肯定为主，尊重其学习成果、思考成果，及时肯定和鼓励他们主动发表意见、积极回答问题，对于其不足之处要以诚恳柔和的态度给予点拨指正。

（2）创设令人愉悦的教学情境

依据学生的特点，采用灵活的教学方式，营造适合学生学习发展、活跃学生思维的场所，使之在轻松的学习中，在动手动脑的学与思的过程中学到知识，对学习产生愉快的体验，进而感受到学习的轻松与快乐。

2. 给予科学的引导

著名教育家马卡连柯认为，爱是一种伟大的感情，总在创造奇迹，创造新的人。要减轻学生的学习焦虑，教师就要关注学生作为"人"的成长，鼓励学生自我探索和自我发展，引导其在学习中经历良性的情感体验，帮助学生发现自己的兴趣和优势，并通过自我认知和自我控制来减轻学习焦虑。

（1）在教学设计上下功夫

教师要在通览教材、吃透课标的基础上，科学设计导学案，引导学生把握知识点、紧扣重难点、突破困惑点，使其在学习时有目标和方向，从而减轻学习焦虑。

某数学教师在教学"相似三角形"一课时，在导学案中设计了以下三关：第一关是区别线段的比和成比例的线段，第二关是相似图形和全等图形的区别，第三关是相似三角形的性质与判定。这三关的难度依次递增，并提示引导学生学会看书，学会自学，通过闯关应用学到的方法解决有趣味性的任务，每一关都设置闯关通过的密码，找寻密码的过程就是探究、解决问题的过程，学生在运用导学案学习的过程中，不时有小惊喜和小发现，体验到学习的快乐和成功的喜悦，有效地避免和减轻了学习的焦虑。

（2）课堂活动中从不同方面给予学生科学引导

一是让学生进行小组探究活动，借助同伴互助减轻其学习的压力，同时教师要注意观察学生在学习与讨论中的表现，借助巡视的机会给予及时的指导、启发，为学生析疑、释疑；二是学生展示交流自己的探究思路和结果时，借助恰当的评价，给予积极的引导，激发其内在动力，进而增强其学习的信心，以减轻焦虑；三是要给学生巧妙的点拨，让学生弄清产生问题的原因，寻找解决问题的突破口，并学会归纳方法和总结规律；四是借助精讲为学生释疑，让学生把握共性问题，突破知识难点，提升学习效果。

总之，教师要注意在学生思维不畅时科学地"导"，在学生切入重难点时技术地"导"，在学生疑惑不解时巧妙地"导"，在学生束手无策时灵活地"导"，使学生在这样的"导"中感受学习的快乐，实现自主学习，达到真正的学习，从而让课堂真正成为学生的课堂，成为学生展示自我的舞台，进而使之远离焦虑。

3. 提供支持和帮助

正确的学习方法对于减轻学习焦虑非常重要。因此，教师要想让学生远离学习焦虑，就要在学习过程中教给学生正确的学习方法。

教师可以利用学科教学、学科活动和班级活动等，向学生介绍科学的学习方法，比如计划学习、分阶段学习、复习整理等，帮助学生更有效地完成学习任务。

主持人：上学期经过全班同学的努力，我们班取得了优异的成绩。但每个同学的情况不相同，有的同学付出了努力，得到了丰硕的回报；有的同学付出了努力，却事与愿违，这里就有学习方法的问题。今天针对我们班的情况，我们选取了部分同学作为代表，让他们谈谈自己的学习方法，希望起到抛砖引玉的作用。

1. 发言人一：自信是成功的基础

期中考试我考得不好，但我没有因考得不好而放弃，因为我相信，我有能力考得更好，所以我不但没有放弃，而且比以前更加努力。我也相信，在座的各位都有这个能力，都能取得更好的成绩。……挥去对挫折的担忧和焦虑，努力去发现每一种处境中积极的因素，这就是自信所起到的重要作用。……我有自信心搞好学习，也希望和我处境相似的同学，你们也千万不要灰心，不要放弃……

2. 发言人二：以书本为主，资料为辅

我在上学期的学习中坚持了"以书本为主，资料为辅"的学习方法。我们不可盲目地热衷于参考书，忽视了课本的重要性，而要把课本与资料有机结合，在明确重点、突破难点的基础上，加深对基础知识、基本技能的理解和利用，积累解题技巧，掌握各学科的不同思想方法，学会举一反三和融会贯通，还要从一点进行散发性联想。

课下工作对我们的学习也很重要，我们在课后还要对重点题目进行反复的再思考，再分析，再理解。要从基础知识的学习进一步到发散思维能力的延伸，然后总结规律，形成自己的知识网络，最后经过长期的知识整理，形成自己的学习方法……

3. 发言人三：抓好"课前、课堂、课后"三环节

这次我来介绍一下数学的学习方法。主要分为课前、课堂和课后三个方面。

课前预习。课前预习不必太深入，只要能把基础概念和例题看懂就可以了。因为老师在课堂上还要拓展，课后还要复习。如果太深入，就是浪费时

间了。

课堂学习。某些同学课前也准备好要仔细听，但老师一讲课，头就发蒙，这时就应该积极回答问题，即使不站起来回答，也应该在下面回答老师。当老师讲题的时候，学会做这一题是次要的，最主要的是听老师拿到这一题后是如何入手，解这一类型题目的主要思路，以及对这一题的拓展。如果课堂上遗留下一些问题，一定要记下来，课后问老师或请教周围的同学。

课后复习。课后复习并不一定要死做题目，对于同一类型的题目，顶多做两遍就可以了，再多就是浪费时间了。

上面只是我的一些浅见，我相信，肯定还有同学有比我更好的或者是更适合同学们的学习方法，请同学们课后很好地交流吧……

4. 发言人四：如何解数学题

课前，认真做好预习，持之以恒。上课时，对老师讲解的概念、定义、例题要深刻理解。课后，对于数学练习，做题前，首先要回顾课本上所学的相关内容，做到温故知新；做题时，要认真审题，思考解题方法；做完后，注意总结。及时纠正错误，不会的内容要及时请教老师。

比如说课后，对于数学基础训练册，做之前，首先要看学习要求，回顾课本上的相关内容是否完全掌握，做完这项工作后，做下面的习题；做题时，首先要认真审题，思考解题方法，尽量多想出一些新的方法，以扩展思维，选出最简便的方法；做完后，可归纳这类题目的解题技巧，提高解题速度；做错时及时纠正，不会的问题要及时问老师，把每一道习题都弄懂……

5. 发言人五：考前的复习

我认为学习要有一个计划，我这次讲的是考试前的复习。

首先，你要了解自己的学习情况，在考试前的四五周内，制订一个适合自己的复习计划，而且要安排好自己每天的复习计划。

其次，认真完成每天的复习任务，尤其是以前不明白的地方。比如数学，复习时，在前两周，你可以把重点放在课本上，熟悉学习过的知识点、定理、公式，并把课后习题彻底搞懂。后几周，把自己的笔记拿出来，把老师讲过的习题有重点地看一遍，并把自己以前做错的题看一遍，找出错误的原因，避免再次出错，最后做一做这学期的综合试题……

教师还要在学生学习陷入困惑、感到焦虑时，为其提供支持和帮助。一旦发现学生学习处于焦虑的状态，教师就要积极创造机会与学生交流，积极共情，理解他们的困惑和问题，进而从学生的学习现状入手，使其看到自己的强项，帮助其调整心态，鼓励其克服困难。

积极的心态是减轻学习焦虑的重要因素，因此教师还要利用多种活动培养学生积极的心态，让学生多看到自己的优点，避免过度强调成绩的同时，鼓励他们坚持努力学习。

二、社交焦虑的处理

青少年学生的社交焦虑情绪的产生，是源于其自身不合理的认知，这致使他们在人际交往中产生紧张的情绪，做出逃避行为。因此，教师要在科学分析学生社交焦虑现象背后的心理的基础上，采取恰当的措施，助其走出焦虑，创设良好的人际关系。

1. 创设环境，培养自信

青少年在青春期的典型特点之一是心理上的闭锁性，不易袒露内心，久而久之易形成封闭的心理状态。因此，要预防学生产生社交焦虑情绪，教师应和家长联系，平时鼓励其开放内心，多与长辈或同伴交流内心想法，教会其合理表达情绪和交友困扰，形成外向性格，以预防或避免社交焦虑问题的出现。

一方面，教师要了解学生，尊重学生的个性，尤其是对抑郁质类型的学生，更要尊重其个性，为其创设适宜的人际交流环境，在班级营造轻松快乐的氛围，为学生挑选合适的小组合作学习伙伴，鼓励其与志趣相投的同伴朋友交流沟通，进而逐步扩大社交范围。另一方面，教师要积极与家长沟通，让家长在家中为孩子营造宽松的成长环境，同时多带孩子与人交流，鼓励并指导孩子扩大人际交流范围，进而防止其出现社交焦虑。

2. 组织活动，加强训练

教师要注意采用多种方式，引导学生鼓起勇气，多尝试接触新朋友，多进行社交练习，进而发展出直面社交焦虑、改变消极现状的能力。

（1）组织开展相应的课程或班会

教师可以组织学生开展以交往技巧和情绪应对为主题的心理课程或主题班会，积极引导学生树立正确的交友观，使之在学生相互沟通交流的过程中掌握人际交往的方法与技巧。

一、开场

诚信像一面镜子，照出了你的内心。互助像一个闹钟，提醒你怎样做人。友善像一个微笑，教会你怎样待人。互助和友善都是人们的良好品质。作为一个小学生，我们应当具有良好的品质，我们要待人谦恭有礼，与人和睦相处，友善待人。

二、提出困扰

"同学们，把快乐与朋友分享，你将得到两份快乐，而你如果把忧愁向一个朋友倾诉，你将分掉一半忧愁。"没错，千里难寻是朋友，朋友多了路好走。拥有一份真挚的友谊，生活就多了一份迷人的色彩；多一个朋友，就多一个帮你思考的头脑。可是，我们每天与同学相处、与朋友交往，难免会出现磕磕碰碰，发生一些小误会，产生一点小矛盾，甚至会发生冲突。那么，当我们与同学朋友发生矛盾之后，又该如何解决呢？请看情景剧。

情景剧1：下课了，小明起身往教室外走，正好与正在发本子的小刚相撞，本子散了一地。小刚急了，说："你眼睛瞎了啊！"小明也不相让，紧接着打成一团。

情景剧2：老师要班长发新书，班长把一本脏书发给了小丽，于是双方争吵起来。（小演员在这个时候定格，让学生讨论后回答：遇到这种情况该怎么办呢？）

三、将心比心，换位表演

教师：遇到这种情况，如果我们能将心比心，站在别人的角度想一想，也许结果会不一样。

（情景剧中的演员换位，继续表演）

情景剧1：撞到发本子同学的小明连忙说"对不起"，接着弯腰去捡散落在地上的本子，小刚也连声说"没关系，又不是故意的"。二人一起发完本子，高兴地走出教室。

情景剧2：班长主动把这本脏书留给了自己，拿了下面的一本好书发给小丽同学，小丽看到了说："那本书应该是轮到发给我的，还是给我吧。"两人在互相谦让。

这时候教师提问："为什么换种想法，换个'位置'，结果竟会有如此大的变化呢？"

（学生讨论、发表意见）

教师小结：同学们说得非常好，遇到这种情况，如果我们能将心比心，能多为别人想一想，多站在别人的角度去看问题，其实很多问题或矛盾是很容易解决的，并且还能增进双方的友谊呢！

四、学以致用，解决身边的问题

教师出示事例，让学生运用学到的方法或自己想到的方法解决实际问题。

事例：华华和玲玲是同桌，又是一对形影不离的好朋友。在一次美术课上，玲玲不小心用水彩笔把华华刚买的新裙子弄脏了，华华急了，而玲玲觉得自己是无心的，况且还是好朋友，不但没有道歉，反而也觉得很委屈，就这样，两个人都耿耿于怀，一对好朋友就这样慢慢疏远了。

教师：请大家采用小组交流、集体研讨的方法，帮帮这对好朋友。

（同学们讨论中……）

教师：你跟同学、朋友闹过矛盾吗？下课赶紧去找他（她）解决吧！相信问题解决以后你们的感情会更深！

五、互相赞美

学生活动，指出在班级中自己最想赞美的同学，并大声说出要赞美的话，如"你学习很努力，写的字也漂亮，我很佩服你""你乐于助人，同学们都很喜欢你"等。接受赞美的同学要表达感谢。

教师小结：善于发现别人的优点，适度赞美别人，这样我们才能获得更多的朋友。

（2）引导学生通过体育锻炼、写日记等方式缓解负面情绪

教师要引导青少年学会通过体育锻炼和写日记等健康方式及时排解自己的负面情绪，使之学会科学地缓解情绪。

教师在指导学生用写日记的方式缓解情绪时，可以记录他人的情绪过程，从他人的角度看待情绪变化，不但可以丰富自己的情绪体验，还可以帮助自己更好地把握他人的情绪。这样一来，学生在了解他人情绪变化的过程中，还能学会"照镜子"，更好地解读自己的情绪，拓宽情绪认知的维度，从而更好地管理自己的情绪。

小A在日记里写道：小B不小心把敏敏的文具盒打翻，我发现敏敏生气了。只见她的脸涨得通红，眼睛瞪得很大，样子很可怕。接着，她开始冲着小B大吼大叫。小B吓坏了，一边向她道歉，一边帮她捡起掉在地上的文具盒。愤怒的样子真难看，我以后可一定要注意提醒自己。

在这则学生日记中，学生通过细致的观察记录他人的语言、动作、神情等变化，准确地感受他人的情绪变化的过程，认识到了生气时的样子太难看，从而告诫自己要学会控制情绪。

抑郁情绪心理及对策

　　一项针对 537 名学生进行的"学生抑郁情绪及其影响因素"的调查结果表明，137 人的抑郁情绪测试得分超过正常水平，占 25.14%。可见，情绪抑郁在学生中所占的比例不低。教师要明确学生情绪抑郁的典型表现，清楚其背后的心理因素，采用科学的方法与措施帮助学生走出抑郁情绪。

主题 1

抑郁情绪的典型表现

学生一旦产生抑郁情绪，就会产生较低的自我评价，自卑、自责感强烈，思维迟缓，注意力难以集中，严重者会有轻生的念头，或做出自我伤害的行为。具体来说，学生出现抑郁情绪时会伴有相应的典型表现。教师要明确抑郁心理和抑郁情绪的区别与联系，在此前提下，明析抑郁的典型表现。

一、抑郁心理与抑郁情绪

据媒体报道数据，我国患有抑郁症青少年的已有 24.6%，甚至有 7.4% 的青少年患有重度抑郁症。究竟何为抑郁心理与抑郁情绪？二者之间有怎样的关系呢？

1. 抑郁心理

抑郁心理，是一种持续的、与环境不协调的抑郁情绪状态，主要表现为情绪低落、兴趣丧失、思维缓慢，严重损害自身心理功能，严重时可出现自杀念头甚至开展自杀行为。它通常以抑郁症、抑郁神经症的形式出现，是抑郁情绪发展到需要进行心理疾病诊断的程度。

2. 抑郁情绪

抑郁情绪其实就是日常生活中常见的情绪，主要指各种原因导致的情绪低落状态。从生物进化的角度看，抑郁情绪有其积极的社会学意义，比如可以使个体处于相对稳定的状态，避免其身体和心理资源过度耗竭，从而使之具备足够的动力去拒绝执行某种不具有适应性的行为。

二、学生抑郁情绪的表现

抑郁情绪与抑郁心理是性质不同的两种心理现象，抑郁情绪是正常的、健康的，是可以自行缓解的；抑郁心理则是病态的，或接近病态的，必须接受专业的心理干预。作为教师，要在清楚二者区别的前提下，明确学生一旦出现抑郁情绪会有哪些主要表现。

1.情绪低落

学生存在抑郁情绪的首要表现就是情绪长期处于低落状态，对任何事情都提不起兴趣，总是苦恼忧伤，悲观失望，动不动就唉声叹气，认为日子难熬，没有乐趣，度日如年。

小何是一名高中生，从小聪明伶俐，加之勤奋刻苦，学习成绩一直很好，因此从上小学开始身边的人就称她为"大学生"。父母不断告诉她，一定要好好读书，将来考上好大学，出人头地。她也相信将来自己一定能够考上大学，成为名副其实的大学生。

进入高中后，她发现原先轻轻松松就可以拿到前几名，现在费了很大劲儿才能保持在中上等水平。她慢慢地对自己失去了信心，开始打不起精神，上课的时候虽然眼睛盯着老师和黑板，但思绪早已不受控制地飘到了窗外，甚至在吃饭、走路、睡不着的时候会莫名其妙地掉眼泪。

2.学习困难、厌学

学生一旦出现抑郁情绪，就会在学习上表现出来。首先，对学习的兴趣减退，即使原本喜欢的学科也会失去学习的兴趣；其次，记忆力下降，注意力不集中，反应迟钝，甚至经常感觉自己的头脑一片空白，学习成绩明显下降，进而对学习失去热情，不愿意学习，经常完不成作业，甚至有的人一到学校门口、教室里，就感觉头晕、恶心、腹痛、肢体无力等，当离开这个特定环境，一切又都恢复正常。

四年级学生小丽，父亲长期在外地务工，很少回家，姐姐在县城读高二，母亲独揽家中农活，对小丽的教育简单粗暴且严厉，母女间的交流很少。自四年级下学期以来，小丽很长一段时间情绪低落，睡不着觉，夜间经常一个人独坐在床上好几个小时；上课低头，对老师讲的内容毫无兴趣，下课也不想学习；班里的同学看到她情绪不好，主动和她真心交谈、关心询问，她也不理会，常一人独坐很久。

3. 身体出现问题

学生一旦出现抑郁情绪，发展到一定的程度时，在身体上也会表现出来，尤其是小学生。由于年龄较小，不会表达情感问题，经常会以身体不适的形式表现出来，比如有的说自己头痛头昏、呼吸困难；有的说自己嗓子里好像有东西，影响吞咽。这些"病"好像还很重，呈慢性化或反复发作，但做了很多检查却没有发现什么问题。

4. 易激惹，行为反常

相比于成年人在出现抑郁情绪时主要是情绪低落，青少年学生尤其是小学生，则更多地表现为易激惹。所谓易激惹，就是容易因为一件小事而引起强烈的不愉快的情绪体验。情绪抑郁的学生无论是在家里、学校还是在其他环境里，总是脾气暴躁，易怒，表现得反常，一般是从前乖巧的学生，开始爱顶嘴，教师或父母不轻不重的话也能引起他（她）剧烈的情绪波动。

四年级学生小尚，头脑聪明，表达能力很强，在班级学习成绩一直不错。最近一段时间，他好像换了一个人似的，不但上课不爱学习，作业完成质量也不好，注意力很不集中，老师刚讲过的问题也记不住，写一个字要比别人多花两三倍的时间，而且行为上表现得相当反常，无论是父母还是老师，对他无意间说的一句话就会惹得他大怒，老师或家长说他两句就哭。

除此之外，此类学生行为也比较反常，如不整理自己的房间，乱扔衣物，做什么事情都拖延等。有的会突然说现在的环境不好，找各种理由想离开，且反复要求改变。较严重的行为表现就是逃学逃课、夜不归宿、离家出走等。抑郁情绪比较严重的学生，甚至会做出自残、自杀行为，但他们并不一定是想自杀，只是借助这种伤害身体的方式表达自己压抑得已经快失去自我了。

主题 2

抑郁情绪的心理分析

引发学生抑郁情绪的原因是多方面的，既有遗传、生理的原因，也有心理、社会等多方面的原因。在此，笔者侧重从心理学的角度分析青少年学生抑郁情绪的心理原因。

一、错误的认知

青少年学生之所以会抑郁情绪，通常是因为其认知出现了偏差，也就是过度强调自身的缺点和负面情况，而忽略了积极和正面的情况。这样的认知偏差可能导致其对自己、他人和世界的看法变得扭曲，进而影响其情绪和行为。

浩浩是一位男生，他的性格比较内向，也不太爱说话，总一个人默默地坐在位子上呆呆地发愣，上课时不善言辞，从来看不到他举起的小手。即使让他起来回答问题，声音也小得没一个同学能听明白。学校的心理教师和他交谈后得知，其实他也想和别人一样，性格开朗，善于言谈，但却不知与同学们说些什么。他总认为自己太笨，因而很难过，甚至会在别人不注意的时候偷偷地哭，因此总是处于苦闷状态，心情也总是比较压抑、郁闷。

这个案例中的浩浩，之所以出现抑郁情绪，原因就是其错误的认知，使之形成对自己的不客观的看法，进而引发不良情绪。可见，认知偏差是青少年学生抑郁情绪产生的重要因素之一。

前文我们分析过，认知是个体对世界的理解和解释方式，包括注意、记忆、思考、决策等心理过程。它受情绪的影响，同时也影响着情绪的产生和表达。

1. 情绪影响认知

（1）认知受情绪的影响

个体的认知过程受其情绪状态的影响。当情绪比较愉悦时，当个体能积极地思考问题、乐观地看待事物时，就会产生愉悦而积极的情绪体验。反之，当个体产生负面思维，以消极的观点和看法看待事物时，更容易引发消极的情绪状态，产生焦虑和沮丧等情绪。

（2）情绪状态会影响个体的认知

一是不同的情绪状态会使个体产生不同的思维，进而产生认知偏差。愉快的情绪状态会使个体更加倾向于积极地思考，乐观地看待事物。反之，消极的情绪状态则易使个体出现负面思维，产生焦虑和沮丧的情绪。

二是不同的情绪状态会影响个体对注意力的控制。当个体的情绪比较激动时，其注意力就会被吸引到引发激动情绪的信息上，而忽略其他令其心境平和的信息，进而影响其对外部世界的理解和认知。

三是个体的情绪状态还会影响其记忆。积极的情绪状态更能让人记住积极的信息，消极情绪状态则易让人记住消极的信息，从而影响个体对事物的认知的客观性。

2. 认知影响情绪

（1）认知不同引发不同的情绪体验

这一影响，体现在当个体试图评价和判断某个事物时，其情绪状态会因为评价而发生相应的变化。比如，当个体对某个人或事物给予良好的评价时，这一积极的评价会引发其愉悦和积极的情绪体验。反之，当个体对某个人或事物基于消极的评价时，如不满、怨恨、愤怒，这类消极评价就会引发个体的不良情绪体验。

（2）认知调节着情绪状态

当个体面对巨大的挑战和压力时，倘若能进行认知重构，就可以改变其当下的情绪状态。所谓认知重构，就是通过改变自己对当下情境的认知，进而改变情绪状态。比如，在炎热的天气中，一些人会因为其内在的认知引发焦虑的情绪，如这样的天气容易上火，吃不下饭；反之，另一些人则会因为其内在的认知唤起积极的情绪体验，如这样的天气正好是冬病夏治的时机。因此，如果个体在面临挑战和压力时能重构认知，将其看作学习和成长的机会，那么其情绪状态就会由消极变得积极。

二、孤独敏感的个性

下面这个案例中，学生小李抑郁情绪的产生就源于他孤独敏感的个性。引发青少年学生抑郁情绪的一个重要因素是学生的个性品质。

14 岁的小李是某中学初一新生。他性格内向，从小就不爱说话。小学六年，因为和儿时的伙伴在一所学校，总有人陪伴和理解，还是比较愉悦的。但是进入中学后，两个好友和他不在同一所学校，他对新环境和新同学感到陌生。一段时间后，他总是不能适应新环境，同学无意间的一句话他也会认为是同学对他有看法，所以不愿意与大家接触，不敢与同学交流，因此经常感到孤独和无助，慢慢地陷入抑郁情绪之中。

1. 孤独的人缺乏社会支持

所谓社会支持，是指个体可以获得的他人的帮助，它可以帮助个体缓解情绪，增强自我价值感和信心。孤独的人一旦产生情绪问题，如果缺乏倾诉的对象和找到适合自己的缓解情绪的方式，就极易陷入负面情绪之中。负面情绪又引发其错误的认知，如否定自己、认为不公平等，进而陷入抑郁情绪之中。

2. 敏感的人易被情绪困扰

个性敏感的人，相比于其他人，在感知、理解、分析、反应和处理情绪刺激时更加敏感细腻且易受影响。他们对自己和他人的情绪变化会格外敏感，以至常常可以感知到易被人忽视的细微的变化，这也决定了他们的情绪极易被激怒或者极易受感染，从而更能激发悲伤、愤怒等负面情绪。同时，具备这一个性的人的自尊心相当强，对自己和他人的期望较高，但对他人的批评和拒绝反应又格外强烈，因此极易感受到压力，而比较内向的个性又致使他们不善于表达情感，于是情绪就被积压在心中，最终感到压力和焦虑，进而引发抑郁情绪。

三、内向自卑的性格

易情绪抑郁的学生，一般性格内向，喜欢远离群体，而其存在的认知偏差又使得他们看到其他同学积极参与各种各样的活动，在不同的舞台上尽情地展示自我，获得成功时，内心产生自卑感和无助感。

1. 沉默、不积极

性格内向的学生不善于表达自己，虽然他们对身边的人和事有自己的想法，但他们不敢或者不善于去表达，怕自己说错话、做错事，于是他们选择了沉默。

对于集体活动，他们选择默默地支持，或者表现出无所谓、逃避或不参加等消极行为。这种性格致使他们就算是勉强与人相处，也保持沉默，不积极参与人际活动，即使身处人群中也极易在与人交往中受挫或受伤，从而引发抑郁情绪。

2. 自卑感和无助感

性格内向的学生通常人际交往能力较差，他们喜欢或者习惯于独处和单独行动。这就容易产生"孤独感"，因此内心极易感到空虚，从而自我封闭、不愿与人交往，产生孤独感。又因为性格的内向，他们在平时的学习中，面对竞争对手时不敢去竞争，觉得失败注定属于自己；对自己缺乏信心，没有勇气去竞争，总觉得自己做不到。这种在自我认识、自我评价上的偏差，致使他们有严重的自卑感，久而久之会因为自卑而丧失信心，产生抑郁情绪。

主题 3

科学应对，助学生脱离抑郁状态

在青少年学生中，抑郁情绪和抑郁心理问题都可能发生。教师要在区分二者的基础上，科学地帮助受抑郁情绪困扰的学生，注意倾听和了解他们的心理，调动相关的资源，帮助学生走出抑郁心理，活出健康的人生。

一、引导学生正确地认识自我

情绪和认知是彼此影响的关系。学生之所以出现抑郁情绪，最主要的原因是其认知出现了偏差，错误的认知反过来又会影响其情绪状态。因此，教师要预防学生出现抑郁情绪和帮助学生走出抑郁，就要引导学生正确地认识自我，形成正确的认知。

学生小 W 以优异的成绩进入了高中，但他有一个致命的弱点，内向且过于敏感。因此，他在班内很孤独，不愿意与同学来往，不善于和别人交流。

尽管他成绩优秀，但是很少有同学愿意主动和他同桌。因为他过于敏感，和成绩比他优秀的学生同桌，他担心别人会看不起他；而和成绩比他差的学生同桌，他又担心别人会超过他。时间一长，他就陷于抑郁情绪的困扰中，他却将这个问题归结于其他人，经常找老师换同桌。老师感到特别奇怪，经了解发现是他的个性引发了抑郁情绪。于是老师耐心地与其谈心，指出问题的症结所在，告诉他学习和友情、个人进步和同学共同成长之间的一致性。

慢慢地，小 W 意识到自己症结所在，开始学着与同学和睦共处，坦诚待人，与大家互帮互学，积极参加班内有意义的活动，不但成功地摆脱了抑郁情绪，而且学习成绩比入学时更进一步。

1. 引导学生找到良好的自我感觉

教师首先要引导学生正确地认识自我，使之找到良好的自我感觉。自我感觉组织着人的思想、感情和行动，使人能够回忆过去、评估现在、计划未来，并因此做出适应性的行为。教师可以借助多种多样的活动，让学生发现自身的优点；还可以借助师生交流，让学生正视自身的缺点、弱点，使他们明白人无完人，后天的努力可以改变或改进，进而勇敢地面对、接受自己。

（1）通过主题班会唤醒主体意识

如同一个体弱多病的人不能总依靠医生，要想少得病，拥有一个健康的身体，就要提高自身的健康意识，从而主动地进行体育锻炼和学习预防疾病的常识。同样地，为了让出现抑郁情绪的学生走出抑郁，达到"自救"，就要唤醒其主体意识，认识到自己的存在。因此，教师可以针对此类学生开展主题班会，让其当主角，进而唤起其主体意识，使之找到自我。

专题五 抑郁情绪心理及对策

"认识我自己"主题班会

一、导入

1. 教师讲故事

（1）乌鸦的故事

一只老鹰从峰顶俯冲下来，将一只小羊抓走了。一只乌鸦看见了，也想抓只羊回去，于是天天练习。一天，乌鸦觉得自己练得很棒了，便哇哇叫着从树上猛冲下来，扑到一只山羊的背上，想抓住山羊往上飞，可是它的身子太轻，爪子又被羊毛缠住，无论怎样拍打翅膀也飞不起来，结果被牧羊人抓住了。

提问：你们认为乌鸦的问题在哪里呢？

（2）画家的故事

一位画家把自己的画放在画廊上，请人们点评，第一天请人们把败笔之处圈出来，结果一天下来，几乎画的每一个角落都被圈出来了。画家觉得非常沮丧。画家的老师对他说："不要沮丧，明天依然拿这幅画，让人们将精彩的部分都圈出来。"

结果一天下来，又是画的每个角落都被圈出来了。这时候这个画家终于明白了，世人的观点难以统一，最关键的是要有自己的想法，画自己想画的。当我们不能很好地认识自己时，就会被别人所左右。

2. 教师小结

台湾省文人林清玄说："人生的缺憾，最大的就是和别人比较。与高人比较，使我们自卑；与下人比较，使我们骄傲。外来的比较是我们心灵动荡、不能自在的来源，也致使大部分人都迷失了自我，屏蔽了自己的心灵原有的馨香。"实际上，任何人都不可能完美无缺，人人都有优点和缺点，每个人都不应该因缺点而怀疑自己，也不要因优点而轻视他人。你就是这个世界上独一无二的存在，所以要充分地认识自己，让自己扬长补短，散发自己独特的个人魅力。

二、正确认识自己活动

1. 全班同学写下自己的优点和缺点（每人说出不少于五句赞美自己的话、

缺点一句)。

2. 学生将自我欣赏公布于众,让同学倾听及评价。

3. 教师:通过刚才的活动,我感到很高兴,大家都有那么多优点且被大家认可,我为你们骄傲,那同学们能不能谈一谈认识自己的优点有什么好处呢?

学生分析:能帮我们树立自信;能帮我们找到自尊、自信的支点;能多创造成功的记录,能更好地发挥潜力……

4. 认识缺点。

教师:你的优点你知道了,你的缺点你是否也清楚呢?请大家说一说。(学生自由发言)

教师:认识缺点有必要吗?为什么?

学生发言:不认识自己的缺点,容易因自负而失败;优点可能会受到缺点的影响;只看优点,不看缺点,就会听不进别人的批评,就会骄傲;只退不进,失去尊严……

教师:我们既要正确地认识自己的优点,又要正确认识自己的缺点,可是总有一些同学老是抓住自己的缺点不放,只看到自己的缺点,只拿自己的缺点去和别人比,这样的结果是什么呢?

学生分析:容易形成嫉妒虚荣的心理;容易形成自卑心理;形成消极情绪……

教师:那就请你伸出你那双温暖的手帮这些同学出出主意,告诉他们该怎样改变这种不良心态。

学生发言:我会告诉他,只有所短,寸有所长,每个人都有长处和短处;正确看待自己的缺点,想办法改正;根据自己的实际情况不断调整自己的参照标准;要比自信,比勇气,比前进的方向……

三、教师结束语

每个人身上都有或多或少的优点,那是金子。只要是金子,无论散落在哪里，都会闪闪发光。但我们也不能拿放大镜来看自己的优点。每个人身上的缺点，就像一条蛀虫，慢慢侵蚀着我们的内心和灵魂。我们每个人都应该有勇气正视缺点，并努力改正它。大海不拒百川之水，才变得浩荡；泰山不拒细小沙石，才变得高大；蜜蜂采百花之精华，酿出最甜的蜜；我们取长补短，才能健康全面地发展。

（2）提供机会，发挥其才能

情绪抑郁的学生虽然大多性格内向，但往往有着丰富的知识、细腻的感情、深刻的内心世界，因此教师可以仔细观察发现其某一方面的长处，为其创设条件展示自己，使之充分发挥潜在的才能，进而消除其自卑感，帮助其树立自信心，激发其进取心。

高一（5）班的小李来自一个偏僻的小村庄，在他 5 岁的时候，父亲因病去世，受生活所迫，母亲带着他和弟弟改嫁到邻村。不幸的是，继父待他们非常不好。这对涉世未深的小李的性格产生了很大的影响，从此他变得内向、木讷、自卑。

升入高中后，因个性原因和学习压力，致使他越来越沉默，被抑郁情绪困扰着。向老师在接手新班，接触学生的过程中，了解到这个同学的情况后，经常找他谈心，尽力从学习和生活上想方设法地帮助他，并鼓励他多接触周围的世界。向老师还发现，小李不但做事细心，而且写得一手漂亮的钢笔字。于是向老师每次写学生的期末评语时，都会请小李帮忙，并在小李帮忙的过程中与其谈心。这让小李发现了自己的长处，认识到了自己的价值。

慢慢地小李发生了改变，一次元旦晚会甚至还给同学们和老师演唱了一首动听的歌曲。随之发生变化的还有他的学习成绩不断提升，最后竟然跃居班内前十名。

（3）安排职责，调动积极性

教师还可以在班级实行明确岗位责任制的管理方法，分派给易情绪抑郁的内向型学生一些较细腻又较易做的事情，使之直接感受到自己是集体的一员，在情感上与大家融为一体，进而消除自卑感，调动其积极性。

2. 正视闪光点，调整参照目标

情绪抑郁的学生通常有较强的自卑感，平时总看不到自己的优点，而且总拿自己的缺点、不足去和其他同学的长处相比，越比越没信心，进而让自己被负性情绪困扰。

对此，教师要注意帮助他们调整参照目标、确立合理的期望目标，引导其多跟自己以前比，多跟与自己位于同一起点的同学比，能正视自身价值，树立自信心。比如，教师可以采用"自我竞赛"的方式，引导学生将今天的"我"和昨天的"我"进行比较，及时发现自己的进步，及时发现自己在目标上的不当，在发现自己的闪光点的同时，避免目标不当造成的挫败心理，逐步提高自尊心和自信心。

二、指导方法，调整身心

授人以鱼，不如授人以渔。教师要预防学生情绪抑郁，帮助学生摆脱抑郁情绪，除了借助多种方式引导学生正确地认识自我，还要指导他们科学地调整身心。

1. 用运动放松情绪

相关研究发现，运动能够缓解压抑的情绪，显著降低抑郁的发生率。教师要认识到，运动能有效地解除情绪紧张和烦闷，对情绪的改善有明显的作用。

因此，教师可以引导学生参加各种运动和活动，比如利用假期组织学生爬山、郊游，课余时间组织学生开展跳绳、球类、拔河等集体性强的体育运动或游戏。这些运动都能对缓解和宣泄学生的情绪起到重要作用，应鼓励学生积极参加。

2. 重树信心战胜自卑

情绪抑郁的学生内心存在深深的自卑感，往往是因为在表现自己的过程中经常受到挫折，从而对自己的能力产生怀疑而造成的。

李老师发现班里的个别学生情绪低落，不愿意和同学交往，影响到了学习，感到非常担心。于是，她找到学校的心理健康教师咨询方法。心理教师告诉她，要找到让学生感兴趣的事物，使之积极参与到活动中，在良好的社交关系中调整。于是李老师在分析学生的长处的同时，组织了一次集体游戏活动，结果这些学生在游戏中展现了自己的特长，自信心得到了提升。随后，李老师还积极创造有利于小组活动的机会，让这些学生和其他同学交往。通过这些方法，学生慢慢地摆脱了抑郁情绪，学习成绩也得到了提升。

因此，教师可以让学生从一连串小小的成功开始，通过不断的成功来表现自己和确立自信，消除对自己能力的怀疑。

（1）提问法

平时在课堂上提问题时，教师要尽量把发言的机会留给此类学生，使之感受到被教师关注；其次，教师要注意在课堂上多用微笑关注他们，使之放松紧张的神经，放下思想包袱，能大胆地表现自己，同时在他们回答问题时，如果答错了，以微笑对待，给予鼓励和期待，在他们回答正确时及时表扬，使之感到无比的骄傲与光荣。这样一来，他们就能从中获得正向的情绪体验，进而自信倍增。

（2）自我减压

针对学生由于过高的期望造成的巨大压力而引发的抑郁情绪，教师要指导学生学会释放压力。比如，通过运动或者看喜剧就可以舒缓心里的压抑情绪，通过倾诉、哭泣、大喊大叫的方式来发泄心里的不痛快，等等。只要学生能把心中压抑的情绪散发出去，就可以减轻心里的压力，进而避免抑郁情绪的困扰。

（3）补偿法

补偿法，即通过努力奋斗，以某方面的成就来补偿自身的缺陷。生理上的缺陷存在补偿现象，心理上同样也存在补偿现象。所谓勤能补拙、扬长补短，说的就是这个道理。教师要教导学生，只要功夫深，一定能赶上他人；要让学生意识到，每个人都有自己的长处和短处，要学会扬长补短。因此，教师可以借助主题班会、面对面交流等方式，让情绪抑郁的学生认识到，人人都有自己的短处，也同样有自己的长处，只要不断努力，最终都能获得成功。如此一来，学生就能在找到正确补偿目标的过程中克服自身的缺陷，全面地看待自己。

（4）暗示法

暗示法就是个人通过积极的自我暗示、自我鼓励，进行自助的方法。人的自我评价实际上就是人对自我的一种暗示作用，它与人的行为之间有很大的关系。消极的自我暗示导致消极的行为，而积极的暗示则带来积极的行动。教师要让学生认识到，每个人在智力方面相差得都不是太大，在做事的时候，要不断地暗示自己，"别人能做的我也一定能做好"。这样一来，学生就可以一直坚信"我能行""我也能够做好"，假以时日，自信心自然会加强。当然，在遇到失败的时候，也要告诉自己不要气馁，"胜败乃兵家常事，慢慢来我会想出办法的"。

（5）成功性格训练法

情绪抑郁的学生在个性上存在敏感多疑、内向自卑等不足，因此教师可以教给学生训练成功性格的方法，以自我调整。

第一步，随意找到四个熟人，问他们对自己的印象如何，确定自己是否喜欢他们的回答，判断自己为什么喜欢或不喜欢留给别人的印象。

第二步，确定一下，如果自己是一名演员的话，愿意扮演什么角色，以及自己为什么喜欢这个角色。

第三步，选择任何一位自己崇拜的人，列出他身上令自己崇拜的特征和品质。

第四步，把第二步和第三步综合为自己所选择的性格。

第五步，改变自己的形象、行为以及个性中自己不喜欢的部分，强化自己喜欢的特征。

第六步，去表现自己的新个性。

同时，教师还要提醒学生，不要指望很快便能成功地改造自己的性格，还是必须以自己性格的内核为基础。

三、家校结合，助力成长

情绪抑郁的学生通常跟父母之间的关系不好，但又渴望与父母亲近，所以教师除了在校做好学生的工作，给予方法指导，还要与家长联系，为孩子营造一种积极、乐观的家庭氛围，改善家庭关系。

1. 科学家访，给予关爱

家访可以促成家长和教师的配合，对于学生避免和摆脱抑郁情绪相当重要。教师一定要尽可能多到性格内向、孤独敏感的学生家中进行家访。学生形成敏感多疑等性格的原因多是由于缺乏关注和关爱。教师通过及时家访，与家长当面沟通，不但可以使家长重视孩子的情感需求，还能借此机会，当着孩子和家长的面夸奖学生，指出其可以做得更好的地方，帮助学生树立信心。

肖老师班级的学生小 W 来自离异家庭，她与哥哥跟随妈妈，后来妈妈再嫁，又生了一个同母异父的弟弟。上初中后，小 W 由父母陪同在外面租房走读。

小 W 平时比较懂事，但没有自主的想法。在学校一次心理测试中，发现小 W 有着严重的抑郁情绪。肖老师就找到她的妈妈，向其解说了抑郁情绪和抑郁症的不同，希望家长能多注意倾听孩子的心声，使之放开心扉。小 W 的妈妈原本特别害怕，不知道该怎么办，听了肖老师的解释后，开始减少工作，多陪伴小 W，试着鼓励她出门，哪怕出去吹吹风也好。结果小 W 同意和妈妈一起出去散步后，开始慢慢地融入外面丰富多彩的世界，走出了封闭的内心世界。渐渐地，她感受到了家人的重视和外面世界的美好，有了愉悦的心情。

配合家长的行动，老师依据小 W 在校的表现，通过与她进行交流，站在她的角度上分析问题，用尽可能温馨的话语让小 W 信赖。小 W 的语文学科比较优秀，肖老师便把周一、周三、周五早读课的学习任务交给了她。小 W 很用心，帮助别人的同时也慢慢找到了自信，逐渐摆脱了抑郁情绪，全身心地投入学习中。在看到小 W 的变化后，肖老师鼓励她把自己在校的情况及时告知父母，而家长在老师的提醒下又主动且循序渐进地与孩子交流和沟通。最后，小 W 在教师和家长的帮助下，成功地走出抑郁的阴霾。

2.家校活动提供支持

教师还可以利用请家长到学校参加班会或活动的机会，为亲子间提供相处的机会，增进了解，进而让学生感受到来自家长的关注，获得战胜抑郁情绪的支持和力量。

当然，对于抑郁情绪相对严重的学生，教师还需要掌握一定的心理学知识，运用心理学的相关技巧和方法与学生沟通，给予科学且专业的援助，必要的时候还要求助于专业的心理工作人员。

专题六

强迫行为心理及对策

见到水龙头就去洗手，就算是洗到手红肿，还在洗；写好的作业，擦掉、重新写，再擦掉、重新写，不停地反复，怎么劝说也不听；不断地往家里捡垃圾，甚至家长发怒也不停止……这些强迫行为无不在提醒教师，厘清学生强迫行为的心理因素，科学引导和应对，才能预防强迫症的发生。

主题 1

强迫行为的典型表现

中小学生处于生理和心理的急剧生长期，他们不但经历着生理上的急剧变化，承受着紧张繁重的学业压力，同时面对亲子、师生、同伴等诸多人际冲突问题，由此使得他们的强迫行为成为我们需关注的重要问题。

一、强迫行为和强迫症

近年来针对中小学生进行的心理普查工作结果表明，几乎每个年级都会出现几位学生强迫指数超标的现象，教师也发现班级中不少学生存在强迫行为，因此提出"学生是不是患了强迫症"的疑问。实际上，强迫行为和强迫症不能画等号。教师只有区分好二者，才能在发现学生存在强迫行为时给予科学的引导。

1. 认识强迫行为

强迫，顾名思义，就是强行迫使，即在个人意志的情况下运用外力迫使他人或自己服从。就个人角度而言，当一个人存在一些反复的行为，比如怕不干净而多洗几次手，怕忘记关门而折返，东西必须放在固定的位置等，但如果不影响正常的生活和工作，也没有带来生理和心理上的痛苦和影响，并且也没有给他人带来影响和痛苦时，此人就出现了强迫行为。强迫行为属于个人习惯，但心理学上将其称为强迫行为。

2. 了解强迫症

强迫症，则是一组以强迫思维和强迫行为为主要临床表现的神经精神疾病，其突出的表现就是有意识的强迫和反强迫并存，即反复在脑海里出现某些不需要的想法、怀疑、冲动等，这些想法不但毫无意义，甚至违背自己的意愿，影响了自己正常的工作和生活。比如，明知道反复洗手没必要，但就是停不下来，自己也很痛苦，影响了生活。

16 岁的小 C 是一名高中生，在家长的陪同下看心理医生。

据她自己讲述，加上家长的补充，近两年来，小 C 整天不受控制地胡思乱想，越克制自己不要乱想，就想得越厉害；同时，在生活中也出现了强迫行为，计划做某些动作就要求自己必须一气呵成，如果不连贯或者有停顿就要重做，比如她每天都要整理床铺，而且必须在每天出门前整理，中间不能被打断，如果打断她就很难受，甚至因此和爸妈发脾气。这两年来，她的学习注意力被分散，每天要花大量时间去反复检查作业、反复整理床铺，以致睡得很晚，精力不足，严重影响学习。更可怕的是，在考试的时候，她经常反复读题，造成时间的浪费，考试做不完题，成绩直线下降。

小 C 很痛苦，也知道自己这些强迫性的行为是没有任何实际意义的，甚至试图去忽视它、压抑它，或者用其他的思想、动作去对抗它，结果却无济于事，因此每天处于痛苦和焦虑之中。

3. 强迫行为和强迫症的关系

强迫行为和强迫症都有"强迫"二字，二者之间存在着区别与联系。

首先，二者虽然有同样的外在表现，但影响不同，属于正常与不正常的区别。强迫行为是正常人的生活习惯，不会对自己和他人造成影响，因此是正常的；强迫症则是神经症病人的异常行为表现，会对自己和他人造成影响，给自己带来痛苦，给他人造成困扰，因此是不正常的。

其次，二者之间也存在共性。强迫行为及表现，也注定了它们之间的联系，即强迫行为在某种程度上是强迫症的初期表现，属于判断强迫症的外在标准之一。不同之处在于强迫程度的深浅和时间的长短，以及是否对自身和他人造成不好的影响。

小英是一个14岁的中学生，目前因强迫症而休学在家。

据小英自己和妈妈讲述，小英从小就有一个强迫习惯，即在进入家门或离开家门时，一定要将自己的鞋子放在固定的位置，且一定要摆放整齐。妈妈并没有在意，因为她只是摆好就进入家门或离开家门。两年前，她开始不停地摆放鞋子，劝也劝不住，甚至因此影响了家人的出入，父母劝她，爸爸因此发怒，她哭着说自己也不想，但就是控制不住。

除此之外，她还开始每天不停地做出拉窗帘、躲在窗帘角落里的动作，而且随着时间的推移，越来越频繁，最终发展为躲在角落里不肯出来。

在这个案例里，小英最初的表现——摆鞋子，其实只是一个强迫行为，并无异常之处。然而，当她摆鞋子的习惯影响到家人，给自己造成痛苦的时候，强迫行为就属于不正常的，就发展为强迫症。此后的拉窗帘、躲在窗帘角落里的动作，就属于典型的强迫症的表现了。

二、学生强迫行为的典型表现

为了避免学生的强迫行为在教师和家长未觉察的情况下发展为强迫症，为了让学生得以健康成长，教师就要在清楚强迫行为和强迫症的区别的前提下，明确强迫行为的典型表现。

1. 强迫行为

当学生出现以下强迫行为时，教师就要注意观察学生，给予更多的关注，以免发展为强迫症。

（1）强迫啃手指

这一强迫行为的表现就是，学生遇到着急或紧张的状况，就会因为焦虑而无法自控地啃噬指甲，甚至一直啃到指甲深陷肉里也全然不顾，有时甚至会啃噬指甲周围的皮肉直至血肉模糊。

学生小丽不允许头发有丝毫凌乱，哪怕是上学快出门时，还要跑回镜子前再认真梳几下。妈妈以为女儿大了，爱美，也没管她。最近一段时间，妈妈发现小丽喜欢啃指甲，每次遇到难题，她就开始咬手指甲了，指甲都被咬得光秃秃的，有时还会渗血。

（2）强迫整理

这一强迫行为的表现就是学生无法克制地对东西进行整理和归类，就算只是小瑕疵，他们也会开始整理，直到自己感到满意。

高职二年级学生梁某是一个对自己要求非常严格的人，他总是把东西收拾得干净、整齐，桌子擦了一遍又一遍，生怕沾上灰尘，书籍由高到低摆得平平整整，看完什么书都要归为原位。一次，一位同学借了他一本书，把书折了一下，梁某非常生气，虽然没说什么，但从此不再借书给别人。他还习惯于每次离开和回到寝室就整理床铺，如果不整理就感觉哪里不对劲儿，少了点什么。

（3）强迫确认检查

这一强迫行为的表现就是，学生无论是考试还是做作业，每做一道题、每写一个字都要反复检查对错，并且至少检查三遍以上，否则心里就不踏实。有时明知道自己做的是正确的、符合要求的，还是放心不下，还要继续反复地检查对错。

李丽是一名高三文科生，成绩优异，一直在班级排名前三。上次月考，她因为大意失分，排名滑到第五。从此以后，她就养成了反复检查的习惯。不管是考试、做练习还是写作业，她都要在完成后反复确认，甚至把题读好几遍，就怕出错。而这样的反复检查直接影响了她的做题速度和做题质量，致使她的进度总是比其他同学慢，造成更大的学习压力。

(4) 强迫洗手

这一强迫行为的表现就是一旦触碰某个讨厌的人或某些物体，就觉得自己受到了污染，急忙去洗手，且反复洗，一直清洗到自己满意为止，有时会扩展到清洗接触过的校服。

半年前，六年级学生小白的妈妈发现女儿小白一进卫生间就不愿意出来，问她在做什么，她说在洗手，每次刚洗完出来，她又会进去洗，必须反复三次，妈妈很无奈地纠正小白的习惯。小白只是笑，声称担心洗不干净。

(5) 强迫进食

很多人对这种强迫进食不以为然。

王兰是某高中的学生，家教严格。从小到大，学习成绩一直很好，一直受家长、老师的喜爱。

她自我要求严格，每当老师当众表扬她时，都特别兴奋和满足；如果自己成绩有所下降就非常难过和着急，尤其是同班同学有时比自己分数高就特别焦虑，旁边有比自己强的同学就学不下去。高三的时候，原本学习压力就大，但下学期又赶上母亲和爷爷相继去世，于是在相当长的一段时间里，她特别喜欢吃零食，经常吃得很多，以此来缓的压力。

马上面临高考紧张的冲刺复习，这两周她格外焦虑、紧张，上课精力不集中，成绩下降，而且吃得还特别多，有时晚上除了晚餐，还能吃三个面包、两袋饼干。有的时候吃得太难受了，就催吐，但吐后还想吃。

学生王兰的表现就是强迫性进食，其症状就是不停地吃东西，哪怕吃饱了也吃。除此之外，个别学生的强迫行为还表现在强迫性数数等方面。

2. 强迫思维

思维对事物的间接反映，是指通过其他媒介作用认识客观事物，以及借助已有的知识和经验、已知的条件推测未知的事物过程。强迫思维就是脑海中反复多次出现某一种观念或概念，知道是不必要的或者是荒谬的，也试图努力将其从脑海中驱赶出去，但就是不由自主这么想。

具体来说，强迫思维主要有以下两种表现。

（1）强迫思考

所谓强迫思考，就是总问一些无聊或者暂时无法回答的问题，比如"为什么受伤的总是我""为什么我是现在的我而不是其他人"等，然后反反复复地想，做作业时想，睡下后也想。如果停止思考这些问题，就好像生活的秩序被打乱一样，会感到缺点什么，内心会不安，时间一长就会感到很痛苦又无助。

小强是某重点中学高三学生，成绩一直名列前茅，而且学得轻松，因为活泼爱玩，和同学、老师的关系都比较融洽。

进入高中后，小强给自己定下考名牌大学的目标。但高一阶段的成绩在班级中等水平。暑假中碰到原来初中的几位就读于其他重点高中的同学，得知人家成绩均在年级前列，小强很不服气，生气自己努力不够，暗自定下在高二跃上班级前列的目标，并制订了具体计划，比如要求自己上课一定要听懂，课间做好总结，回家就可以直接阅读参考资料，然而学习计划并没有达到预期的目标。于是，他又一次检查自己，认为目标、计划没错，还是自己用功不够，就挤出更多的时间看书。

高二开始不久，他发现自己在看书时脑子里经常出现杂念，比如"这部分内容是不是高考的重点""考试时会怎样考"，随后头脑中出现考不好时的紧张情境，怎么也排解不掉；平时经常感到紧张，尤其到考试前情况更加严重。从那之后，小强的学习成绩持续下降，他为此十分焦虑。

进入高三后症状加剧，只要学习就会出现杂念，已无法听课与看书、写作业，自己更为焦虑。想到高考迫近，非常紧张，整日焦躁不安，对自己爱好的小提琴、足球均提不起兴趣。

案例中的小强就表现出强迫思维中的强迫思考，比如总是担心自己考试失败，上不了大学，总在思考"这部分内容是不是高考的重点""考试时会怎样考"，自己也知道会影响到学习，但就是无法控制，从而影响了学习效果，加剧了担心与焦虑，造成恶性循环。

（2）强迫观念

所谓强迫观念，就是对某些事物的担心或厌恶，明知不必要或不合理，自己却无法摆脱，比如担心自己会考试失利、担心自己会说错话、担心自己会出现不当的行为等。

这次考试失利对我的打击很大，并认定考试失利就是自己检查不够细心导致的。从那之后，我只要一考试就想到自己做题会不细心，就会因此失分。这让我更加紧张，更有压迫感，感觉自己与别人的差距越来越大，好些同学都追上并超过了我。我因此心烦意乱，悲观消沉。我知道自己这么想问题不对，但就是忍不住在考试前这么想。

案例是一位出现强迫行为的学生的想法，从其想法可以看到，这位同学将考试成绩和做题不细心挂钩，片面地认为成绩不好是检查时不细心造成的。因此，给自己带来痛苦和压力。

主题2

强迫行为背后的复杂心理

强迫行为所带来的影响虽然不像强迫症那么严重，但学生长期做出这样的行为，会引发负面情绪，发展下去就会成为强迫症，影响学生的身心健康，甚至引发自杀等悲剧事件。究竟学生是基于怎样的心理做出这些强迫行为呢？

一、完美型人格

研究表明，做出强迫行为的个体大多是完美型人格，这种人格的特质是他们做出强迫行为的重要原因。

1. 完美型人格的特点

完美型人格的人对他人和自己的要求都特别严格，甚至对自己更加严格。他们在性格上总体来说是偏内向、偏思考。他们平时做人严肃、得体，讲礼貌，特别在意他人的看法，总是在追求完美，生活相当有规律。

刘老师您好：

感谢您对我的关心。实际上，我知道自己的压力来源于什么地方，这是因为我是一个做什么事情都要求严格的学生。从小，我的父母对我精心呵护，对我要求完美，我想要的东西父母都给了我。所以在学习和生活上，不管做什么都要求我做到最好，使我养成了事事追求完美的心态。不过我发现自己好累啊，学习成绩要拿第一，做班长还要把老师交代的任何事情都做到最好，兴趣爱好班还要做到前三名……我现在有些吃不消了，感到压力很大。

案例中的学生，就具备完美型人格特征。具备完美型人格特征的学生，之所以对自己要求严格，是基于其内在的悲观的想法，认为如果不严格要求，认真去做，就一定会失败。这种想法使得他们在做一件比较重要的事之前，会先在头脑中设计完美的期望或计划，再谨慎、仔细地做事，甚至在完成或即将任务完成时，总认为做得还不够好，反复对其中一些并不重要的缺点或细节加以修改。这种反复思考和修改，体现在行为上就是强迫行为。而完美型人格的人会因为过分在意结果的完美性，内在总有过高的完美的期望，让他们总是生活在不完美的焦虑中，从而引发焦虑、抑郁等不良情绪。

2. 完美型人格的成因

完美型人格的人往往在心理上缺乏自信和安全感，将完美看作得到他人的认可和赞扬的重要前提。这就致使他们对自己和别人越来越苛刻。此外，他们不能客观认识自己的价值和能力，总是将问题发生的原因归于自己，因此极易产生自我压力和焦虑，进而影响到自己和周围人的生活和工作。

是什么原因导致完美型人格的个体产生这样的心理呢？这种人格往往是在个人成长和经历中形成的，与家庭教育和社会环境密切相关。

首先，从家庭教育的角度来看，完美型人格的孩子的背后一定是完美型父母和完美型家庭教育。这样的家庭中，父母都比较苛刻，往往会对孩子提出较高的要求，对孩子的评价特别严格，无论是孩子的成绩、品德还是行为，都是他们关注的对象。他们不能容忍孩子存在缺点和错误，过分关注孩子的缺点和不足，因而忽视了孩子的优点和长处。最终的结果就是使孩子形成一种观念：只有完美才能得到父母的认可和喜爱。久而久之，孩子在长期追求完美的过程中就把完美当成了习惯，最终形成了完美型人格。

其次，从社会环境的角度来看，随着竞争和压力的增加，人们为了能在工作和生活中取得更好的成绩和表现，往往会对自己提出更高的要求，不容许自己出现任何差错和失误，由此产生的压力使得个体感到焦虑和紧张，进而认为只有做到完美才能在竞争中获胜。这种心态在长期的工作和生活中逐渐形成习惯，进而形成完美型人格。

二、安全感的缺失

无论是强迫行为还是强迫思维，都是个体在追求完美的过程中基于对实现目标的担心而产生的。这些行为和思维的背后实际上就是安全感的缺失。

1. 什么是安全感

安全感是一种渴望稳定、安全的心理需求，对健康人格的形成至关重要。作为个体内在的一种精神需求，安全感主要体现内在对稳定的渴望。想要从患得患失以及处世的无力感等情绪中脱离出来，由此所产生的信心、安全感和自由感。它是满足一个人现在和将来各种需要的感觉，是对可能出现的对身体或心理的危险或风险的预感。安全感主要的表现就是确定感和可控制感。

2. 安全感的来源

安全感是每个人成长过程中所必需的，不同的人内在安全感的感受程度不同。内在安全感充足的人，是较为自信的人；相反，缺乏安全感的人，在其内心深处其实并不自信。安全感究竟来源于何处呢?

（1）安全感来自父母

心理学研究表明，一个人最深层的安全感，源自其童年经历和与父母之间的关系。其中，家庭作为个体成长的重要环境，是否温馨，成员间的关系是否和谐，决定着个体能否获得足够的安全感。当个体处于婴幼儿阶段，如果父母没有给予足够的关爱和陪伴，那么个体就会因为没能建立起安全型依恋关系而产生严重的安全感缺失。反之，如果孩子在成长过程中获得了家长足够的关注、爱和保护，那么其内在就不缺少安全感，自然不会因为担心而引发负面情绪。

（2）安全感来自成长环境

一个人如果在 0~3 岁的时候成长环境不停地变换，抚养人不停地变换，那么其安全感的建立就会受到极大的影响。换言之，频繁地变换环境和抚养人，会让个体很难建立持久的依恋关系，从而影响其安全感的建立，导致安全感的缺失。

（3）安全感还与其获得的支持相关

个体在成长过程中如果能拥有亲密的朋友和家人，获得他们的关爱和支持，那么其安全感就相对较强。反之，如果一个人孤独无助，缺乏社交支持，那么其安全感会相对较弱。

3. 强迫行为背后的安全感缺失

安全感对于人格的形成相当重要。如果安全感缺失，那么个体的心理和生理健康均会受到不良影响。个体之所以会出现强迫行为，就是因为安全感的缺失。

（1）强迫行为的背后是由安全感缺失引发的紧张和焦虑

当个体缺乏安全感的时候，就会感到不安全和无助，极易出现紧张和忧虑的情绪。因此，个体就会基于这种忧虑和恐惧，努力去重复做某些认为可以保证其安全的事情，进而做出强迫行为。

（2）强迫行为的背后是由安全感缺乏引发的低自尊心和低自信心

一个缺乏安全感的人常常是低自尊的人，是缺乏自信的人，他们极易对自我怀疑，不相信自己，更不愿意认同自己的身份和角色。为了抵抗由此引发的自卑和不自信，他们就会重复自认为能体现自我价值的动作或行为，进而产生强迫行为。

（3）强迫行为的背后是由安全感缺失引发的人际关系危机

一个缺乏安全感的人不会轻易信任周围的人，这种不信任会导致其与周围的人关系疏远，甚至产生敌对情绪。这样的情绪会影响其良好的人际关系的形成。而自身对归属的需求又使得个体不得不融入群体中，因此个体就会将这种不良的人际关系归因于自身，进而反复做自认为可以挽救或换得他人认可的行为，进而产生强迫行为。

综上所述，当个体缺乏足够的安全感时，他们会基于对安全感的追求而努力地改变自己，追求完美，尽量做好生活的每个细节，以求避免"惩罚"。最终，个体会形成极度不安全感支配下的追求完美的个性结构，而这种完美型人格又迫使他们一步步钻进恶性循环的强迫怪圈。

三、不合理信念的影响

信念是个体内心关于事情是怎样发展的、如何发展的一种主观判断，它影响着我们及他人的行为，影响着我们的身心健康。

1. 不合理信念的内容

不合理信念就是个体内心不现实的、不合逻辑的、站不住脚的信念，也就是那些绝对化的、过分概括化的、极端化的思想认识。认知行为心理学家艾利斯总结出来三大类、11 种具有普遍意义的、主要的不合理信念。

● 在自己的生活环境中，每个人都绝对需要得到其他重要人物的喜爱与赞扬。

● 一个人必须能力十足，在各方面至少在某方面有才能、有成就，这样才是有价值的。

● 有些人是坏的、卑劣的、邪恶的，他们应该受到严厉的谴责与惩罚。

● 生活中出现不如意的事情时，就会有大难临头的感觉。

● 人的不快乐是外在因素引起的，人不能控制自己的痛苦与困惑。

● 对可能（或不一定）发生的危险与可怕的事情，应该牢牢记在心头，随时顾虑到它会发生。

● 对于困难与责任，逃避比面对要容易得多。

● 一个人应该依赖他人，而且依赖一个比自己更强的人。

● 一个人过去的经历是影响他目前行为的决定因素，而且这种影响是永远不可改变的。

●一个人应该关心别人的困难与情绪困扰，并为此感到不安与难过。

●碰到的每个问题都应该有一个正确而完美的解决办法，如果找不到这种完美的解决办法，那是莫大的不幸，真是糟糕透顶。

2. 不合理信念的特征

心理学家韦斯特将艾利斯的 11 种不合理信念加以总结，得出不合理信念的三个特征：绝对化要求、过分概括化和糟糕至极。

（1）绝对化要求

所谓绝对化要求，就是凡事以个人意愿为出发点，认为某一事物一定会发生或不会发生。这种信念常与"必须""应该"之类的词连在一起。比如，"我必须考高分""别人一定要认为我优秀"等。这一信念违背了客观事物的发展规律，因此怀有这样信念的人就易受到负面情绪困扰。

（2）过分概括化

所谓过分概括化，就是看待事物存在以偏概全、以一概十的不合理思维方式，它会导致个体对自己进行不合理的评价。比如，当面对失败的结果时，常常认为自己"一无是处"，将自己看作"废物"等；仅凭一件事或几件事的结果来评价自己整个人，评价自己作为人的价值，从而使自己陷入自责自罪、自卑自弃的心理泥潭，进而引发焦虑和抑郁情绪。这一不合理的思维方式也极易使个体对他人做出不合理的评价，一旦他人出现差错就将其认定为没本事、无优点等，从而做出一味责备他人的行为，进而对他人产生敌意和愤怒等情绪。

（3）糟糕至极

所谓糟糕至极，就是认为倘若发生了一件不好的事，那么将是相当可怕、相当糟糕的，甚至是一场灾难。实际上，凡事有好有坏，当个体只看到事情不好的一面时，就会将自己引向极端的、负面的不良情绪状态之中，也因此陷入耻辱、自责自罪、焦虑、悲观、抑郁等不良情绪体验中且难以自拔。

3. 强迫行为背后的不合理信念

中小学生每一个强迫行为的背后，都是其不合理的信念。

首先，学生尤其是中学生进入青春期后，普遍伴随自尊心增强、成人感出现的现象。这使得他们在内心产生了一些不合理的信念，对于外界发生的事情产生不当的认知，进而引发情绪困扰。

其次，学生强迫行为的背后是其对学习好坏的不合理的信念，如"成绩不高就是学习不好"，于是内心希望受到教师和同学的关注，尤其是高度的认可和赞扬，而引发焦虑或抑郁情绪，进而做出强迫行为。

小W是一个文静的男孩，从小学到中学一直相当优秀，因此经常获得大家的关注和赞扬。然而进入高中后，随着知识难度的增加，加之他所在的重点中学人才济济，小W不再像小学和初中一样一直名列前茅，这让他产生了极度的焦虑。某次老师讲解试卷时，将其他同学的作文当作范文讲解，他由此认为自己不优秀了。近来，老师和家长发现他出现了啃指甲的行为。不管是练习、写作业还是考试，只要一紧张就会啃指甲，有时鲜血直流还没意识到，也不觉得痛。

在这个案例中，小W出现啃指甲的强迫行为，就是由于他产生了不合理信念，认为自己不优秀就没人关注和喜欢了。因为这种不合理的信念，他产生了焦虑情绪，进而做出啃指甲的动作。

最后，学生强迫行为的背后是他们对良好的人际关系的不合理信念，一些在学校缺乏非常交心的好朋友的学生，产生了例如"不能获得他人的关注和喜爱就没人喜欢"的不合理信念，因此感受到人际关系的焦虑，为了宣泄情绪而做出强迫行为。

由此可见，学生强迫行为的背后，就是其不合理信念引发的对安全感、自我价值感和自尊、自信的需求，是安全感的危机引发了焦虑和恐慌。

主题 3

解除强迫行为，教师这样处理

强迫行为会让学生感到痛苦，影响其学习和生活，严重者甚至危及学生的生命。因此，教师要在识别学生强迫行为的基础上，给予学生科学引导，使之从认知上发生改变，解除强迫行为。

一、巧用策略走出完美误区

如前所述，做出强迫行为的学生大多是完美型人格。在老师和家长的心目中，这些学生学习专心、成绩优秀。然而恰恰是这样的学生，才更容易存在严重的心理压力。因此，教师要意识到这种现象，采用科学的策略，对这些完美型人格的学生进行引导和教育。

1. 调整认知，制定合理目标

（1）引导完美型学生正确看待分数，使之认识到分数只是教师在某个特定时刻、特定情况下用来评估学生特定技能的

针对这些学生格外在意考试分数，视考试分数为一切的心理，教师要让学生认识到"分数"只是对某一学段学习情况的测验，不代表一切。每一次考试仅仅是整个学习生涯中一个阶段性的小目标，不要将考试分数看得太重，而要将其看作督促学习的重要手段。同时，教师要让学生明白，追求高分数，讲究完美，对自己严格要求，本来是件好事，但是如果过于苛求，就会适得其反。

当然，教师还要引导学生对考试成绩的得与失进行合理的归因与解释，帮助其建立积极的自我认知。而一个具有积极自我认知的学习者，在面对问题情境时所能激活与调动的学习资源以及由此迸发出的内部潜能，要远远高于消极自我认知的学习者。

（2）引导完美型学生调整自己设定得过高的学习目标，激励其在追求卓越和避免强化完美主义之间维持一种微妙的平衡

方法1：前后作业比较法。

教师可以建议学生从当前的水平出发，制定具体的目标来反映其真实的进步。比如，可以让学生将早期保存的作业和当前的作业进行比较，借助这种方式来证明自己已经取得的进步。

方法2：明确期望法。

教师可以清楚地指出对学生的期望。比如，在分配给学生任务时，教师要明确地向学生提出具体要求，这样的做法可以让追求完美的学生少为自己制定不切实际的目标。

方法3：及时鼓励法。

教师要在这些学生取得优秀的成绩时及时给予鼓励，增强他们对自己的信心。当要求此类学生表现得更优秀时，教育者要特别关心有压力的学生，帮助他们学会提高心理承受能力，学会自我调节。一旦察觉到学生陷入抑郁中来维持自己的"追求完美"时，为避免发展成心理疾病，教师要及时对其进行心理辅导。

2. 正确对待"差错"，放松和接纳自己

教师要让学生知道，差错总是会有的，这是学习过程中的一个正常现象。在课堂上回答问题时，即便是错误的回答也会对其他同学的进一步思考有所帮助。不完全正确的回答也会为其他同学的思维模式增添一块"积木"，最终得出正确答案。这一过程应该被看作合作性的，而不是个体性的。

教师要让学生意识到，追求完美并没有错，这正是我们每个人的天性。人人都希望将事情做好，因此可以在重要的事情上追求完美，但不必事事都追求完

美，因为任何人都不可能有精力去做好所有的事情，任何人都不可能保证所有的事情都成功。

（1）引导学生调整认知

完美型人格的学生通常认为生活中绝大多的事就是一条从 A 点 B 点的直线，任何失败都会割断这条线，所以不能容忍失败。教师要使其认识到，失败只是成功之前的历练，最终的成功是在无数次失败的基础上获得的，不能否认失败的意义，要正确地看待自己和身边的人与事。要让学生意识到，世界上不存在完美的人，人人都存在需要改进之处，接纳自己的缺点和不足，要正确地看待失败，将失败看作反馈。尽管没人喜欢失败，但它是成长和机会，是人生中宝贵的礼物。最后，教师要引导学生将关注点放在过程上，而非结果，因为过程和结果均是成功的组成部分。在现实生活中，事物并不是非黑即白，或是百分之百存在，不是不完美就一定是失败。在二者之间还存在中间地段，失败只是过程的一部分。

（2）引导学生调整心理

完美型学生在追求完美的过程中，势必会遇到困难和挫折，难免会产生失落等心情，教师要让学生学会接受自己的情绪。要让学生认识到，经历失败之后，谁都会感到痛苦。学生第一步要做的是允许自己有各种失望的情感，承认这是一种正常的情绪。同时，要积极地看待失败。无论情况多么糟糕，都要想一下，这件事情积极的一面是什么，这件事能给自己带来哪些成长的机会。

3. 教授方法，改变自己

教师要让学生认识到，行为是改变的关键，要对改变的过程保持耐心。因为任何事情的改变都需要一个过程，这一过程并不全是直线。因此，可以借助一些方法改变自己。

（1）给自己积极的心理暗示

教师要让学生在面对重要的事情之前，首先学会放松，想象自己能够轻松地面对，比如演讲时，想象一下自己站在讲台上时会相当轻松。

（2）多多听取他人的意见

教师还要引导学生在做事情时学会听取他人的意见，其中也包括批评，并且要控制住自己，不去对别人的批评予以反驳。要让学生意识到与人相处的黄金法则就是你如何对待他人，他人就如何对待你。因此，要做一个有同情心、能理解他人的人，就会获得他人的同情和理解。

（3）学会取舍

"二八法则"告诉我们，只花20%的时间就可以完成80%的工作。因此，我们要用20%的时间做重要的工作，其余的时间做自己喜欢的事情。

（4）学会转移注意力

教师要引导学生学会转移注意力。一旦学生不开心，出现消极的思想和情绪时，就将注意力转移到其他事情上，如听音乐、散步、和同学或父母聊聊开心的事情以及自己遇到的困难。在倾听他人看法的同时，也会让自己有新的认识，从而从消极情绪中走出来。

（5）用发展的眼光看事情

教师要引导学生用发展的眼光看事情。要让学生想一想十年后这件事会对自己有什么影响，如今的伤心或痛苦是否值得。要让学生意识到，只要我们始终坚持在自己追求的方向中前进，脚印就总会在后面，不管深浅，不管曲直，那终是我们生命中的一道道风景。所以无论失败还是成功，那都是我们宝贵的经历。

W同学一向对自己要求很高，就算是一次小考出现了一点失误，他也会难过很久。作为班长，他对自己承担的工作更是精益求精，不容许自己出现一点儿问题。进入高二后，他更是一心扑在学习上，除了吃饭、睡觉以外，几乎都是坐在书桌前认真学习。但随着时间的推移，不知什么原因，他的学习成绩却退步了。虽然题做了不少，但没什么效果。到高二上学期期末时，他的成绩仍略有下降。W同学为此忧心忡忡，常常愁眉苦脸，不但人越来越瘦弱，而且出现了啃指甲、反复洗手的强迫行为。班主任发现他的这些变化后，找他谈话，了解到这段时间，W同学的父母也经常询问他的学习情况，并为此而着急，甚至对W同学很失望，W同学也似乎觉察到了什么，慢慢对自己的学习丧失了信心。

　　班主任和学校心理教师沟通后，请心理老师对其进行心理测试，确定他的这些问题是因为压力过大和完美型人格导致的。于是针对W同学的这种情况，教师先是正确引导他。学习有这样一个规律：学生的年级低，学习内容相对较简单，通过记忆便可掌握，考试分数也较高，学生之间的差距较小，表现出来的好学生较多。但随着年级升高，学习科目增多，内容加深，不但需要记忆还要灵活应用，光靠死记硬背很难提高成绩。因此，W同学需要将学与思结合起来，找准自己的弱点和劣势并进行定点训练，选择适合自己的学习方法，让学习更科学，更具针对性。接着，在W同学明确自己问题的原因后，帮助他重拾信心。一方面，老师要让W同学感觉到自己被重视，使其找到归属感和认同感。为此，老师经常在课堂上当着其他同学的面帮他分析其考试成绩不理想的原因，指出这样的成绩不是他的实力，并指出他今后努力的方向。另一方面，老师经常主动找他谈心，询问近来的学习和生活情况，以及他父母的身体状况等家庭情况。在这一过程中，W同学感受到了来自老师的重视，进而重拾信心，提高了学习热情。最后，老师还抓住他的改变，经常使用激励的语言赞美W同学，满足其渴望得到他人欣赏的心理需求，进而使之提升信心，树立积极的心态，产生学习的动力。

二、家校合作，提升安全感

　　要预防和解除学生身上出现强迫行为或强迫思维，教师还要联合家长，做到家校携手，共同为学生营造具备安全感的空间，提升其安全感。

1. 强化学生的归属感

　　要提升学生的安全感，就要注意强化学生对学校班级的归属感。一方面，教师要在班级组织各种活动，创设良好的班级氛围，让学生在友好的同伴关系、温馨的师生关系中感受到被关注、被关怀、被爱。比如，教师可以针对有强迫行为的学生不同的学科情况，在班内成立帮扶小组，请相关学科教师定期进行学法指导，请小组的同学在心理上多倾听陪伴，帮其疏导压力，在学业上多给予激励和关心，提供力所能及的帮助，以降低学生内心的焦虑程度，缓解强迫行为，增强学习动力。

另一方面，教师要做好家长的工作，为孩子树立好的榜样，积极配合教师完成工作。

2. 指导家长提升教育方法

家是温暖的港湾，回到家能得到滋养，得到足够的安全感和支持，孩子回家才会敞开心扉。因此，教师一方面要与家长沟通，营造温馨的家庭氛围，让孩子感受到家长的关心和爱，从而提升安全感；另一方面，教师要指导家长提升教育方法，科学处理孩子的问题，遵循先处理情绪再处理事情的教育原则，在孩子出现问题时，要先关注孩子的情绪，做有针对性的训练，帮助孩子先处理情绪，再处理事情。

（1）放松训练

放松训练是以一种暗示语集中注意力、调节呼吸，使肌肉得到充分放松，从而调节中枢神经系统兴奋性的方法。它能够降低中枢神经系统的兴奋性，降低由情绪紧张而产生的过多的能量消耗，使身心得到适当休息并加速疲劳的缓解。放松训练的方法很多，教师可以有针对性地从中选择一种或几种方法，让家长教给孩子，引导他们在睡前或考试前进行放松练习，使身心得到充分休息。

（2）注意力集中训练

焦虑使人六神无主，注意力分散。家长可以在教师的指导下，通过注意力集中训练，使学生不为内外刺激的干扰而分心，提高抗干扰能力，这同样也能避免或克服焦虑情绪产生。比如，利用晚上睡觉前的一段时间，在放松的前提下回忆一天的学习内容等。

（3）自我暗示训练

暗示训练是利用语言等对学生的心理产生影响，进而控制行为的过程，它在各个领域中被广泛运用。教师可以指导家长，通过对学生自我暗示的培养，使之克服心理障碍，提高学习成绩。同时要强调在对孩子进行自我暗示训练时，遵循以下步骤。

第一步，确定学习活动中经常出现的消极想法，如"某一学科我学不好""这个问题我不应该错"等。

第二步，帮助学生确定如何认识这种消极的想法。

第三步，确定取代消极想法的积极提示语，如"不要急于求成""要有耐心""要坚持不懈""要冷静"等。

第四步，引导学生经常看写有各种消极想法和对消极想法的认识以及对抗消极想法的积极提示语卡片，通过不断重复和定时进行自我检查，达到举一反三的目的，以此调节他们的心境、情绪、意志和信心。

3. 发挥正念的积极作用

教师还要在体谅家长的心情，理解其因孩子成绩稍微下降而产生的怀疑和动摇，与其沟通，使其明白在孩子面前表现出自己的这些情绪，只会让孩子得到"我无能、我不行"的信号，给其带来巨大的心理压力，使之产生很强的愧疚感，降低其学习的自信。

教师要让家长明白，当孩子遭遇挫折时，一味地施压，只会增加其心理压力，要在给予其安慰和鼓励的同时，适时地帮助他从失败和挫折中寻找根源，总结教训，吸取经验，总结出适合自己的独特的学习方法。

同时，教师还要提醒家长注意调节孩子的情绪，让学生多参加有益的社会实践活动，丰富课余生活，使其在活动中慢慢地愉悦起来，不要把学习成绩当作衡量孩子的唯一标准。

三、专业助力，解除强迫行为

除了发挥家庭在解除学生强迫行为方面的作用，教师还要注意向专业心理咨询人员求助，配合专业人士，给予学生科学的指导和帮助，使之从强迫行为中走出来。

1. 促成校外辅助治疗的开展

教师要与家长积极沟通，请家长配合进行相应的工作，使家长认识到孩子强迫行为的危害，并积极寻求校外辅助治疗。同时，提醒家长和教师保持密切联系，及时沟通信息，发现问题及时排解，为学生加油鼓劲，提供心理上的支持，且父母双方要多在教育方式上进行探讨，达成共识。

2. 借助学校心理力量

教师可以请学校心理教师定期为学生开展个案咨询和小团体辅导。比如，请心理教师监测出焦虑水平并进行相应时间的音乐放松，以降低学生的焦虑水平；请心理教师为学生安排个案咨询，从认知角度引导学生，调整认知，形成合理的思维模式，逐渐弱化直至消除不合理信念；定期开展小团体辅导，借助于同伴分享和互助，让学生更加了解和接纳自己，提升信心和决心，降低焦虑。

专题七
成瘾行为心理及对策

　　从社会大环境来看，青少年面临着网络和游戏等各种成瘾性问题的挑战。这些成瘾行为会对青少年的身心健康造成极大的危害。教师要明确青少年成瘾行为的典型表现，分析其背后的心理因素，科学干预，引导青少年控制、转变乃至消除这类行为。

主题 1

成瘾行为的典型表现

2023 年，一篇题为《榨干成年人的"上瘾行为"，我们正在变成文化穷人》的文章，引发了人们对上瘾行为的广泛关注和讨论。作为社会的一个群体，青少年学生中同样普遍存在一些"上瘾行为"，并由此引发一系列身心健康乃至社会问题。

一、认识成瘾行为

下述案例中学生小 A 的行为就属于成瘾行为：

为方便家校联系，学生小 A 的妈妈给即将上初中的小 A 买了一部新手机，并且明确说明不能下载网络游戏，可没想到小 A 竟然对刷短视频上了瘾，一有空就抱着手机，有时连刷 3 个小时都不停手。一段时间下来，小 A 不但学习成绩下降，而且学会了很多粗俗的网络语言。妈妈经过劝说无效，提出要没收手机，他竟然要和妈妈拼命。

究竟什么是成瘾行为？这种行为具有怎样的特征，又是如何形成的？它对人会有怎样的危害呢？

1. 成瘾行为及其特征

瘾，指各种生理需要以外、超乎寻常的嗜好。成瘾，指养成该嗜好的过程。

其中导致人上瘾、使之产生强烈的欣悦感和满足感的物质称为致瘾原。由此可见，成瘾行为就是成瘾后表现出的一系列心理、行为。有以下两个重要的行为特征。

（1）必需性和依赖性

必需性，是指成瘾行为是成瘾者生命活动中的必需部分；依赖性，是指由此产生强烈的心理、生理和社会性依赖。

其中，生理性依赖是指已经在成瘾者体内形成的包括循环、呼吸、代谢、内分泌系统的生理基础，以适应本来是额外的需要的致瘾原。心理性依赖，是指成瘾行为已完全整合到成瘾者的心理活动中，成为其完成智力、思维、想象等心理过程的关键因素。社会性依赖，是指成瘾者一进入某种社会环境或某种状态就会出现这一行为。

（2）反应性和迅速性

所谓反应性，是指成瘾行为一旦中止，就马上会引起成瘾者的相应症状，如空虚、无聊、无助、不安、嗜睡、流涎、绝望，这些症状通常是生理和心理综合在一起的。

所谓迅速性，是指如果恢复成瘾行为，不但症状可以完全消失，而且成瘾者可以马上产生超乎寻常的快感。

2. 成瘾行为的形成过程

成瘾行为不但严重影响着青少年的健康发展，甚至成为青少年犯罪的重要诱因。那么，青少年学生的成瘾行为是如何形成的呢？具体来说，大致经历以下四个阶段。

（1）诱导阶段

此阶段，学生偶尔与致瘾原接触，并从中尝到"甜头"，比如上网的快乐。这些新奇的感觉对成瘾者产生强大的吸引力，但倘若此时终止，不会产生明显的戒断症状。

（2）形成阶段

这一阶段，成瘾者在内外环境的共同作用下，不断接触致瘾原，在不断重复的过程中产生依赖。最初的时候，成瘾者会时时产生羞耻感、畏惧感和自责心理，如果此时及时矫治，虽然存在一定的难度，但只要成瘾者心存戒除的愿望，甘于忍受戒断症状引发的身心痛苦，则可以达到戒断的目的。如果此时不戒断，成瘾者会慢慢地形成依赖，即使强行采取戒断，成瘾者也会因为相应症状带来的痛苦而加强对致瘾原的依赖，一旦恢复成瘾行为则会获得更加强烈的欣悦感。

（3）巩固阶段

此阶段成瘾行为已经巩固，且成为成瘾者生命活动的一部分。这时，如果对成瘾者采取强制措施使其戒断，则会招来其强烈的抗拒心理。因为这一阶段的成瘾者一旦犯瘾，则会引发其宁愿不吃、不喝、不睡也要得到致瘾原的成瘾行为。

（4）衰竭阶段

此阶段的成瘾行为对成瘾者身心的损害已经表现出来，比如网瘾者出现精神颓废，沉迷其中等。

3. 成瘾行为的危害

成瘾行为对青少年学生的危害极大，不但影响其当下的身心健康发展，而且会引发犯罪行为，甚至对其成年后的发展也会产生影响。

具体来说，成瘾行为的危害表现在如下四个方面。

（1）引发青少年学生的身心健康问题

这是因为，青少年学生正处于身心的迅速发展期，一旦形成成瘾行为便会对其身心健康造成严重影响。比如，游戏和社交媒体成瘾会削减其体力，造成睡眠不足、眼睛疲劳和肌肉劳损等问题。这些问题还会进一步影响青少年的学习、注意力和情绪稳定性。

（2）影响青少年学生的学习，致使学业表现不佳

成瘾行为会分散青少年的注意力和精力，使学生无法集中精力投入学业，经

常缺勤、迟到，即使上课也不能集中注意力，反应迟钝，从而出现学习困难和成绩下降等现象。这些问题会对其学业前景和未来职业发展产生长期影响。

（3）导致青少年脱离社交，产生心理和情绪问题

青少年学生一旦出现成瘾行为，就会因为沉迷其中而疏远家人、朋友和同龄人，甚至会因为这些人的劝阻而发生冲突，造成关系紧张，触发焦虑和紧张情绪。时间一长，他们就会逐渐与现实世界脱节，最终感到孤立，丧失社会支持，更不能获得健康的人际交往技巧，从而产生抑郁、自卑、自我怀疑和情绪波动等心理问题。而这些心理问题又促使他们想借助成瘾行为远离现实，进而加剧其成瘾行为，如此陷于恶性循环之中。

（4）导致青少年出现经济和法律问题，引发社会问题

有成瘾行为的青少年为了得到致瘾源而会千方百计地获得金钱，比如购买网游道具的相关费用，进而给其家庭造成经济负担，严重者甚至为了获得金钱而做出非法或不当行为，比如盗窃、欺诈和抢劫，从而涉及法律问题，造成社会不安定。同时，青少年成瘾行为会加重社会的负担，比如消耗医疗资源，增加康复和治疗服务的需求。

总之，青少年成瘾行为如果不能得到及时干预和治疗，不但会对其现在的身心健康产生影响，还会对社会造成负面影响。

二、成瘾行为的表现

社会如同一个大染缸，充斥着各种颜色，教师要练就一双慧眼，及时发现学生的成瘾现象，为其敲响警钟，将其拉出深渊。

1.药物和酒精滥用

药物和酒精成瘾会严重危害青少年的身心健康和生命安全。

张某是一名高二学生，父母平时大多忙于工作，对他的关心和照顾不够。升

入高二后，学习压力增大了很多，这让他内心压抑，又无人诉说。一天，他在网上逛贴吧时偶然得知，吃某种药片能让人短暂缓解压力。出于好奇，再加上当时因为季节性过敏有点咳嗽，他一次吃下 10 片药片。据他说："吃完感觉就像喝醉了酒似的，很愉快，心里的压力会被最大限度地释放出来，后来慢慢变成一种精神依赖。"从此，他开始持续服用药物。

上述案例中的学生张某是众多药物成瘾青少年中的一员。所谓药物成瘾，是指反复大量使用具有依赖性的药物或其他物质，无止境地追求特殊的精神效应。这里的药物不仅仅指毒品，也包括某些处方或非处方药物。

青少年一旦药物成瘾，其表现会相当隐蔽，不易被发现，但倘若细心还是会发现一些相应的症状：一是强迫性、连续性地使用该药物，并且为了获得该药物而不择手段；二是连续使用一段时间后需加大剂量才能获得与之前相似的感觉；三是对使用的药物产生躯体性和心理性依赖，停止用药后产生严重的戒断症状，比如精神不振、打哈欠、流泪、流涕、出汗、全身酸痛、失眠、呕吐和腹泻等，严重时还会发生休克。

除了药物成瘾，据统计，在全球范围内，超过 25% 的 15~19 岁青少年是饮酒者，总量约有 1.55 亿人。当前，青少年饮酒低龄化现象和高风险饮酒，正在吞噬许多青少年的未来。酒精成瘾也成为危害青少年的重要因素之一。

父母的过分溺爱让 16 岁的小东肆意妄为，小小年纪就迷上了喝酒。三年来，他每天饮酒，且为高度白酒，他还以此为豪。近半年来，小东一停酒就会出现心慌、手抖、出冷汗、失眠等戒断症状，甚至出现幻听、幻视，他变得脾气暴躁，经常惹事。后经住院检查，小东被确诊为酒精成瘾，同时被诊断出患有脂肪肝、酒精性肝病、酒精性胃病等。

案例中小东的行为就是酒精成瘾。酒精成瘾症又称酒精依赖症，青少年一旦酒精成瘾，会有如下表现：一是对酒产生强烈的渴求或无法控制的冲动；二是个性改变，逐渐变得自私、孤僻、无责任心、情感迟钝、学习能力以及记忆力下降；三是头晕、头痛，注意力涣散，情绪不稳，注意力、判断力和自我控制力大幅下降。

2. 网络和游戏成瘾

根据世界卫生组织（WHO）的一项研究，全球3%~4%的青少年深受网络游戏成瘾的影响。

小A以优异的成绩考上当地的一所省级重点中学。上高中后，他迷上了网络游戏。家长发现，从前读初中时他一回家就会自觉学习、写作业，但现在一回到家里就上网、玩游戏，如果遭到劝阻，他就会大发脾气，甚至以不吃饭、不上学、断绝母子关系等方式来威胁妈妈。妈妈曾经把电脑锁起来，他就跑到外面的网吧上网。一次，因停电无法玩游戏，小A表现出激动、烦躁甚至破口大骂等行为。老师发现，原本活泼好动的小A，现在不愿意与人交往，不喜欢参加集体活动，上课经常睡觉，作业不认真完成，经常抄参考资料上的答案，学习成绩相当糟糕，已经下滑到班级的倒数。班主任找他谈过话，但是效果不大。

案例中小A的表现，就符合网络符合成瘾的特点。具体来说，青少年网络和游戏成瘾表现在如下两个方面。

（1）在家的表现

一是喜欢宅在家中，只关注网络和游戏，除此之外对其他事物都不感兴趣，甚至从前喜欢的活动也不去参加；二是表现出易激惹的特点，即脾气暴躁易怒，一上网或玩游戏就特别精神，阻止其上网或玩游戏就会表现出强烈的反抗，或无精打采、神情沮丧；三是对人对事异常冷漠，只沉浸在虚拟世界里；四是拒绝接受他人的建议或劝解，经常向家长要钱，甚至盗刷父母的银行卡。

（2）在校的表现

一是在课堂上无精打采，多半时间都在走神儿或睡觉；二是平常有不由自主地敲击键盘的动作，或身体有颤抖的现象；三是学习成绩下降，作业完不成或质量下降；四是不愿意参加集体活动，拒绝同学的活动邀请；五是谈起网络和游戏精神亢奋，口若悬河。

3. 手机和社交媒体成瘾

当前，手机和社交媒体的应用已经成为普遍的现象，随处可见人们专注于玩手机或刷视频，而青少年手机和社交媒体成瘾现象也成为社会交往的一个普遍问题。因为对手机和社交媒体的过度依赖，无法控制自己使用手机的时间和频率，青少年经常沉迷于社交媒体平台，导致其出现学业荒废、社交脱离和注意力不集中等问题。

小辉上小学三年级，寒假时经常在家刷短视频。因为是假期，父母觉得应该放松一下，所以每次他要手机，都会爽快地给他。很快，父母发现小辉刷视频的时间有点长，不要回手机他就一直玩。有一天中午，爸爸找不到手机，一回头发现小辉正在刷短视频，已经刷了好几个小时，要回手机时，他还很不高兴。开学后，小辉的注意力依然没有离开手机。放学回家，他不是先做作业，而是先向父母要手机，晚上也不肯早睡。爸妈要没收手机，他就闹情绪，甚至不肯上学。

上述案例中，小辉的表现说明他明显已经对手机和社交媒体成瘾。2022 年 3 月至 6 月，中国科学院心理研究所国民心理健康评估发展中心对我国 29 个省（自治区、直辖市）3 万多名 10 岁至 16 岁的中小学生进行的调查显示，33.4% 的青少年不同程度地对"我不能忍受没有手机"表示同意。表明这部分青少年可能已对手机产生心理依赖。同时，有超过三分之一的青少年可能因使用手机而影响了学习和生活。其中，用手机刷短视频成瘾的现象极其严重。中国青少年研究中心曾发布《中小学生短视频使用特点及其保护》调查报告，结论显示，65.6%

的受调查未成年人观看过短视频，其中 20% "几乎总是" 在看短视频。

一般来说，青少年学生手机和社交媒体成瘾的表现是：一是在家手机不离身，不看电视，不和家人交流，就看手机、刷视频，就算是睡觉也将手机放在身边，睡前刷视频，甚至睡着了手机或视频还开着；二是出门必须带手机，且不关注身边的人和事，只看手机、刷视频，如果没带手机，哪怕是短短几分钟的路程，也会感觉到恐慌；三是除了刷视频，对其他活动失去兴趣，只要有时间就不停地玩手机、刷视频，不愿意出门走动，也不想主动联络同学或朋友，更不愿意与朋友聚会；四是每隔一段时间就会拿出手机看一看，每隔 5~10 分钟就忍不住刷一刷视频。

主题 2

成瘾行为的心理分析

从心理学的角度分析，青少年成瘾行为背后的心理原因比较复杂，既有家庭、学校和社会等方面外因引发的情绪问题，也有个体本身的人格、认知等内因的影响。

一、外因引发的心理问题

分析青少年学生的成瘾行为可以发现，成瘾只是一个表象，深层次原因则是他们的家庭教育出现了问题。依据对青少年成瘾行为的调查，这些成瘾青少年大多生活在缺乏关爱的家庭，或在成长过程中遭遇了叠加性心理创伤，加之在日常生活中心情郁闷、学习状态出现下滑，得不到父母及老师的理解，最终将情感诉求转向外界，从而发展到滥用药物、沉迷游戏，甚至吸毒、赌博等境地。

1. 逃避心理

青少年学生面临着来自学习方面的竞争和压力，这些压力或来自家长和教师，家长和教师有过高的期待；或来自现代社会，包括学业压力、社交压力和未来就业竞争等。当他们感觉自己无法满足家长和教师的期待时，当他们面对未来感受不到希望时，他们或是在极度的迷茫中产生逃避心理，或是渴望得到帮助自己提升成绩的方法，于是偶然间获得的致瘾原，如烟、酒、网络等，就成为他们的救命稻草，在获得一时的快乐和暂时的放松的同时，也促进了成瘾行为的形成。

小郭是一名高中二年级的学生。上初中时，他阳光、健康、上进，不但学习好，还担任过班长。上了高中后，突然增加的学习内容和变化的学习方式，让他有点无所适从，学习成绩开始下滑。看到过去不如自己的同学成绩比自己好，他很苦闷。

一次考试失利后，他在同学的怂恿下玩了一款网络游戏，感受到了网络世界的自由和快乐。从此之后，他从开始的偶尔上网玩游戏，到后来一天不玩儿都受不了，上课时也盼着快点放学跑去玩游戏，再也没有心思安心学习，本就不好的成绩越发一落千丈。文化程度不高的父亲见此非常生气，屡次打骂他，也没能把他从"网瘾"中拉出来。相反，他还产生了严重的逆反心理。有一次，他和父亲发生了激烈的冲突，还误伤了父亲。

案例中的学生小郭，因为没能适应高中阶段的学习节奏和变化的学习方式，学习成绩下滑，因此深受打击，没能抵抗住虚拟世界的吸引玩网络游戏，沉迷于一时的快乐和解脱。他沉迷于网络游戏的行为就是一种回避现实的行为，从开始的偶尔玩到后来的天天玩，甚至到最后为了玩而误伤了阻止自己玩游戏的父亲的发展过程就是成瘾行为的形成过程。

专题七 成瘾行为心理及对策

小段是来自农村的一名重点高中的学生。由于父母把家庭脱贫的希望寄托在儿子身上，小段感觉压力巨大。初中的时候，他的学习成绩在班级还比较靠前，好不容易考上了重点高中，结果发现班中人才济济，自己的学习成绩根本排不上名次，也不受老师重视，于是，他开始沉迷于网络，爱上了玩网络游戏。父母省吃俭用给他的学费、生活费，都被他用于上网玩游戏买装备了。沉迷于网络致使他的学业严重搁浅，也加大了他的学习压力。于是在现实生活中看不到希望的小段，完全将希望寄托于网络，在网络中找到了存在感，最后发展到一天不上网不玩游戏就感觉特别难受。最终患上了"网络综合征"。

在这个案例中，学生小段网络成瘾，缘于父母的期望引发的压力。为了逃避压力，他在网络中寻找解脱，反而造成恶性循环，最终沉迷于网络。

由此可见，一些学生之所以有成瘾行为，其根源是想借助致瘾原寻找快乐，逃避来自学习的压力和痛苦，以此麻醉自己。

2. 补偿心理

心理学研究表明，成瘾行为的背后反映出学生早年的欲望。换言之，童年时没有得到什么，个体长大后就会下意识地去弥补。比如，小的时候没有伙伴，就倾向于在网上聊天交友；小时候有许多没有实现的幻想，就倾向于玩角色扮演的游戏，在游戏里成为魔术师、战士。

虽然只有14岁，但小段说话的腔调却像成年人，无所谓中夹带着点江湖气息。这个沉迷于网络游戏的少年，在小学的时候学习成绩不错，然而他的童年是在父母的吵架声中度过的，最终开始拿起手机打游戏，选择与世界隔离，放学回来后，做完作业，睡一觉，一两点起床玩手机，玩到三四点，继续睡觉。

几年前，小段父母离婚，此后，他的学习成绩就从班级前几名跌到了倒数。尽管由于长期透支健康，身体亮起了红灯：耳鸣、眼花、精神萎靡……但小段并不认为自己的做法不妥当。问到他如此沉迷网络游戏的原因时，他说："做游戏直播可以赚钱，我想要尽快独立。"但实际上，小段的父母双方的经济条件并不差。他究竟为什么对金钱如此渴望？小段给出的答案是："为了借钱给朋友。"父母离婚后，孤独寂寞的小段特别渴望朋友。但是由于学习成绩不好，学校里的朋友就少了。特别渴望朋友的小段发现钱可以让他交到朋友，尽管这种用钱交到的朋友随时会散去，但他仍然重视这些暂时拥有的朋友。而且在他看来，做游戏主播可以获得成百上千人的关注，可以收到别人刷的礼物，获得他人的赞美，这种虚拟的场景让他觉得很有安全感，也很温暖。

案例中的小段，因为亲情的缺失，对友谊充满了渴望。最初投身网络，源于逃离父母的争吵，后期沉迷于网络则缘于想获得他人的爱与关注。这正是一种补偿心理的体现。

小马是一名初中生，家境优越，是父母的掌中宝，是爷爷奶奶、外公外婆的心头肉。自从小时候一次事故摔伤后，他就被家人严密地保护着。随着年龄的增长，家人的爱让他感到窒息。一次偶然的机会被同学拉去玩了一次游戏，网络游戏中的人物和情境吸引了他，让他感觉到自己的强大。从此，他开始沉迷于网络游戏。

案例中的小马之所以沉迷于网络游戏，就是因为家人的过度保护造成他童年快乐的缺失。而网络游戏让他获得了快乐，获得了补偿，获得了满足，于是逐渐沉迷、上瘾。

由此可见，青少年学生成瘾行为的背后，一方面是基于对现实的逃避，逃避家长、教师所带来的压力；另一方面是基于所缺失的情感的补偿，比如爱的缺失，成就感的缺失，满足感、归属感和操纵感的缺失。这些现实生活中得不到的感觉，他们在致瘾原中获得了，进而导致其成瘾行为。

二、内因引起的偏差

青少年成瘾行为的内在原因，则是认知偏差和不良人格在作怪。研究发现，成瘾行为的背后除了青少年的人际交往与归属、现实情感补偿，还有自我实现、认知和理解四个方面的心理需要。而不良认知导致的错误的归因，以及不良人格引发的情绪问题，致使他们将这种心理需要寄托在致瘾原上，最终引发成瘾行为。

1. 错误的归因方式

所谓归因，简单地说就是找原因，是指人们对自己或他人的行为进行分析，推论出这些行为原因的过程。社会心理学家海德在其归因理论中指出，个体的归因方式会影响到其以后的行为方式和动机的强弱。海德认为，引发外界事件的原因包括内因和外因两种，内因包括情绪、态度、人格、能力等因素，外因包括外界压力、天气、情境等因素。一般人在对他人的行为进行解释时会倾向于性格归因，而对自己的行为进行解释时则倾向于情境归因。如果一个人找不对问题的原因，就会引发情绪问题，进而做出错误的行为。

青少年正处在一个心理和生理发展都不完全成熟的阶段，当他们遭到挫折和困难时，缺乏理智思考和判断能力，更多的时候会将问题的原因归结于外界因素，比如家长和教师管得过严、社会的不良诱因、自己的能力过弱，这种错误的归因致使他们为了达到自己的目的而做出错误的举动。如上述案例中，学生小段之所以沉迷于网络，利用做网络游戏直播赚钱，就是基于其错误的归因：朋友是要用钱获得的。

2. 认知偏差

心理学认为，行为或情绪的障碍不是受到事件激发或不良刺激的直接后果，而是通过认知加工，在歪曲或错误的思维影响下促成的。青少年学生的成瘾行为在某种程度上是缘于其认知偏差。青少年由于自我意识的不断增强，开始追求独立的人格，随着猎奇心理的增强，他们开始将行为举止上的标新立异以及把对主流思想行为的抵制当作独立意识的体现。这种认知偏差，造成一些青少年的成瘾行为。

L 是一名 16 岁的高二男孩，因为从小体弱多病，父母对他格外关注，爸爸对他从小到大实施包办式教育，校内校外只要有事，爸爸都会帮其处理。这就致使他养成了有钱就是一切的价值观，深信只要他有任何事情，父母都会帮他搞定。

初三时，发现一些同学喝酒抽烟，在与他们聊天时感觉这样特别有男人味儿，并在对方的怂恿下尝试了一次，虽然感觉并不好，但这件事却被爸爸知道了，他被爸爸打了一巴掌。从此，在逆反心理的影响下，他开始和父母对着干，不但抽烟，还喝酒，最终因酒精滥用入院治疗。

在这个案例中，学生 L 的酒精滥用问题，就是因为其认知出现偏差，错将抽烟喝酒当作男子汉的标志。除此之外，一些青少年在无法找到正确的发泄自身压力和情绪的途径时，也会因为认知偏差而做出成瘾行为。

随着身心逐渐发育成熟，青少年处处要求以成年人自居，看到许多长辈吸烟饮酒，便认为"只有吸烟饮酒才是大人样"，于是模仿起来。

3. 不良的人格特征

为什么面对同样的致瘾原，有的学生则会成瘾，有的学生不会成瘾呢？原因就是他们的人格特征不同。研究表明，"易成瘾者"通常具有以下人格特征：一是从众心理，凡事无主见，行为随大流，对不良事物缺乏批判性；二是性格内向，有内心矛盾冲突时既不与人交流，也没有积极的解脱方式；三是意志薄弱，缺乏对诱惑的抵抗力；四是争强好胜，易激惹，易在别人的挑唆、激将下接受致瘾原。

除此之外，心理学研究还发现，那些具有侵略性、自控能力低、高自恋人格特质的人容易形成成瘾行为；那些具有孤独、抑郁和社交焦虑等心理特征的青少年学生往往也是成瘾者。

> 小伟 6 岁时，父母因感情不和离婚了，他被判给了母亲。离婚后没多久，小伟的父亲离开平潭去广东打工，从此杳无音信，小伟的母亲则在他人介绍下远嫁，无家可归的小伟只好被寄养在姨妈家。在学校里，小伟经常被同学们嘲笑，自卑的他开始厌倦学习。一次偶然的机会，他和邻居念某熟悉起来。念某有钱，出手也大方，时不时可以带他出去潇洒。小伟非常崇拜这位大哥。一次随念某在外玩时，念某让其吸烟，他最初拒绝，但念某说如果连这个都不敢吸，以后就不带他玩了。小伟在念某的激将法下学会了吸烟，从中获快感。从此之后，他不能控制自己，很快就染上了烟瘾。

在这个案例中，少年小伟之所以染上烟瘾，一方面是因为其对不良事物缺乏批判性，加之受不了他人的激将；另一方面则是因为他自卑孤独，自控能力较差。

主题 3

科学干预，应对学生的成瘾行为

无论是备受关注的精神成瘾行为——网瘾，还是吸烟、饮酒等物质成瘾行为，都会对青少年的身心健康造成严重的影响，严重者危及其生命。教师要在认清青少年成瘾行为的表现和背后的心理原因后，采取行之有效的方法和措施，给予科学的预防和干预。

一、加强宣传，提升认识

在很多情况下，学生成瘾行为是在本人不知情或受人引诱、激将下发生的，因此，教师要运用多种方式宣传成瘾行为的危害，提升学生对成瘾行为的认识。

1. 利用主题班会加深认识

主题班会是围绕一定主题而举行的班级成员会议，对于培养学生的自我教育习惯、调节其躁狂不安的心理、稀释其不良情绪、辅助解决其心理问题起到了积极的作用。教师可以围绕学生的成瘾行为，组织相应主题的主题班会，让学生在活动中提升防患意识，获得教育，避免成瘾行为的发生。

"珍爱生命，远离烟草"主题班会

【第一部分】介绍青少年吸烟现状

主持人："珍爱生命，远离烟草"主题班会现在开始。

主持人：青少年吸烟的现状究竟如何，下面请调查小组向大家介绍他们的调查结果。

学生发言：我们通过多媒体查找到了有关吸烟方面的资料。青少年吸烟现状不容乐观，现在校学生（小学到大学）的吸烟率为22.5%，我国中小学生初次吸烟的年龄是10.7岁，20%以上的初中生尝试过吸烟。

【第二部分】吸烟的原因

主持人：到底是什么原因导致青少年吸烟情况这么严重呢？下面请另一调查小组做介绍。

学生发言：青少年吸烟的原因，根据我们查到的资料，终归为青少年某些心理因素造成。

（1）好奇。青少年有很强的好奇心，新鲜古怪的事都想试试，见别人吸烟好玩，也想体验一下，多次尝试，结果成了瘾君子。

（2）反抗心理。有些学生对家长、教师的批评教育不服，又不敢当面顶撞，

不满情绪没地方发泄，用吸烟作为反抗手段。

（3）心存侥幸。认为社会上有这么多的烟民，也没几个得肺癌肝癌的，难道烟魔就只针对我吗？等等。

（4）环境心理。近朱者赤，近墨者黑。长期与吸烟者接触、交往，自己不吸，岂不"寒酸"？老是抽"伸手牌"香烟，岂不小气？只有自己也吸烟，才能体现出彼此"有钱""有交情"，才能获得对方信任，才会有"共同语言"。于是，你来我往，学会了吸烟。

学生发言：造成青少年吸烟的原因还有跟风模仿，学生在电视电影上看到演员口叼香烟很帅很酷很潇洒，就要赶时髦跟风去模仿。还有打扮成熟，社会上所谓"烟酒不分家"的不良风气在侵害青少年。

【第三部分】指明"吸烟有害健康，远离烟草"

主持人：我们国家的烟民很多，也知道吸烟有害健康，但仍乐此不疲地吸烟，主要是对于吸烟的极大危害认识不深不透。接下来，由两位同学对"吸烟有害"的问题进行研究发言。

乙：与吸烟相关的疾病、癌症已列居本市居民死亡的前三位，是人类的第二大杀手。下面就让我们一起来听听吸烟对人都有哪些危害吧。

......

甲：同学们，你们愿意让自己用健康去换短暂的快乐吗？如果不，就请远离香烟吧！

【第四部分】指出戒烟的方法途径

主持人：想要戒烟那该怎么办呢？有谁能说一说戒烟的好方法吗？

举手自由发言，1~2 名学生发言。

【第五部分】戒烟行动，我们大家一起来

1. 讨论与交流

你打算怎样做一名禁烟的中学生？请写出你的做法。

2. 拓展与延伸

（1）你知道烟草内有多少种有害物质吗？请在全班进行讨论。

（2）你知道这些有害物质对人体各系统功能有哪些损害吗？

（3）围绕"禁止烟头失火"主题制作宣传标语、宣传画。

（4）对学生在参与活动中的态度，获得的体验，学习方法的掌握，实践能力的发展进行评价。

主持人：班会已经接近尾声，相信同学们一定收获满满。最后让我们向全体青少年朋友们发出倡议。请大家起立。

一、远离烟草，拒绝吸第一支烟。

二、倡导健康的生活方式，创建无烟健康先进学校。

三、督促吸烟者戒烟。如果我们的父母或身边的朋友、亲人吸烟，尽可能地告诉他们吸烟的危害，以及二手烟对周围人的影响。

四、在公共场所看到有人吸烟，要及时劝阻。

五、巩固树立消除烟害、人人有责的观念，全体教师以身作则，努力戒烟。

【第六部分】结束语

2. 借助于学习参观强化认识

教师可以借助于家长的力量，在学校领导的支持下，组织学生到相关机构和部门参观，强化学生对成瘾行为危害的认识。比如，组织学生到戒毒机构、戒酒中心等地参观，强化其对成瘾行为危害的认识，提高学生的自我防范意识。

某中学组织学生到当地的强制隔离戒毒所、禁毒教育基地参观。在活动中，学生认真观看了禁毒宣传教育视频，全面了解了毒品的危害性和禁毒的必要性。接着，在讲解员的带领下，学生进入展览馆参观，看到了品种繁多的毒品仿真道具。之后，禁毒讲解员还通过各类文字、图片以及雕塑，形象地向同学们展示了吸毒的危害以及吸毒对个人、对社会造成的严重后果。活动结束后，同学们纷纷表示，看到这些触目惊心的展品才真正了解到毒品对人类的危害，真正体会到"珍爱生命，要远离毒品"的深刻含义，并表示要加强学习，洁身自好，不仅自己要远离毒品，还要向身边的人传播禁毒知识。

3.家校共育，扩展认识

应对青少年成瘾性问题，除了教师在学校加强对学生的引导和教育，还需要与家长沟通，促成家校共同体的形成，让家庭发挥其重要的作用。

首先，教师要积极与家长沟通，让家长认识到成瘾行为对孩子的危害，并给家长以建议，使之为学生建立良好的家庭关系和支持网络，加强家庭成员之间的沟通和互动；要积极参与孩子的生活，关注其情绪和行为变化，并为其提供情感支持和指导；要创建积极的家庭环境，引导和鼓励孩子培养健康的兴趣爱好，参与健康有益的活动，以减少成瘾行为发生的机会。

其次，教师要借助于多种多样的方式使家长在应对青少年成瘾性问题中发挥重要的作用。一方面，要促成家长积极参与青少年的生活，关注其行为变化，并提供支持和指导；另一方面，要请家长与学校和专业人士合作，共同制定有效的应对策略。

二、组织活动，丰富生活

著名教育家苏霍姆林斯基认为，对学生来说，"如果他的力量得不到发挥，他就会感到强烈的不满，就会在精神上感到空虚，进而有可能背离学校教育的轨道"。所以，针对学生的成瘾行为，教师可以组织丰富的课内外活动，分散学生对致瘾原的注意力，在慢慢培养其各种其他兴趣的同时，帮助其形成健全的人格。

1.丰富课内活动

针对学生出现成瘾行为的一个重要原因是外部压力，尤其是学习上的压力，教师要注意丰富课内活动，通过多种多样的形式实施教学，激发其学习兴趣，提升其学习效果，从而让学生体验到学习的乐趣，获得成就感和正向的学习体验，使之乐学、爱学。一方面，教师要将课堂交给学生，为学生创造交流知识的环境，使学生在课堂上的心情由紧张到放松，进而在自主学习、合作学习中获得知识，产生积极的心理体验；另一方面，教师要借助多种形式的学习，发展其思维，培养学生的思考力和判断力，使之学会分析与判断，进而能对自身的行为和外界的信息进行筛选。

教师可以借助学科教学的机会，让学生在学习学科知识的同时，认识到成瘾行为的危害，使之在无形中提升防范意识，远离成瘾行为。比如，语文教师可以将这些危害与课本剧结合起来，数学教师可以将预防学生成瘾行为与应用题的编制结合起来，道德与法治教师可以将预防学生成瘾行为与知法、学法和守法的教育结合起来。

小勇经常利用课余时间上网，在网上有一帮要好的"哥们儿"。一天，他的"哥们儿"给他介绍了一款网络游戏，并教他和一帮朋友一起玩。从此，小勇沉迷于其中不能自拔，产生了对网络的过度依赖心理，一接触网络就兴奋异常，没机会接触就烦躁不安，对其他活动缺乏兴趣。人也渐渐变得情绪不稳定、易怒、多变，缺乏自控能力，自己做的承诺不能兑现。

1.思考：（1）小勇如果长期沉迷于网络，会有什么后果？（2）如果我是小勇的朋友，我该怎么做？

2.分组合作讨论，回答问题。

3.提示：（1）长期沉迷于网络会导致一系列不良后果。比如，增加家庭的经济负担，浪费大量宝贵的时间和精力进而影响学业发展和生命成长，严重的甚至因为长时间上网而"积劳成疾"、损害健康。（2）如讲解道理、一起活动等。

4.教师讲解：在网络世界中，充满了诱惑。当我们打开网页的时候，可能会弹出各类"中奖信息""挣钱秘方"以及游戏广告；在网络交往过程中，有些不法分子假装善良以博取我们的好感；在网络购物过程中，"跳楼价""大促销"之类的口号很容易使我们丧失判断。因此，只有学会抵制诱惑，理智明辨是非，才能在网络世界中更好地保护自己。

2. 组织课外活动

班主任除了日常的教学活动外，还要在严密组织、精心策划、巧作安排下，组织多种形式的课外活动。须知，在组织课外活动的过程中，要调动每一个学生的积极性，让他们全身心地投入，进而影响学生的心理，让其向着阳光奔跑，进而形成健康心理。

班主任可以根据自己班级的情况适时地开展个性化的活动。如才艺展示小舞台、合唱团等，也可以组织学生进行调查访问活动、设计未来活动、跨越障碍活动等，在培养学生实践能力的同时，丰富学生的阅历，促进其健全人格的形成。

三、营造氛围，科学矫治

教师应该是学生的知心朋友和引导者，因此，要想避免学生成瘾行为的发生，还需注意营造良好的班级氛围，借助于多方力量给予成瘾学生科学矫治，使之全面发展，形成良好个性。

1. 良好的班级心理氛围

心理氛围也叫心理气氛，是指集体中占优势的一种态度和感受，这种态度和感受支配着全体成员的情绪。当某种心理气氛形成后，它对群体的成员有着巨大的影响力和感染力。要想避免学生的成瘾行为，教师就要注意营造宽松、和谐、自由、民主的班级心理氛围，使学生在被尊重、被信任的同时，也能自尊自信、自强自立地健康成长。

首先，教师要根据学生的实际情况，创设带有启发性和诱导性的教育教学情境，例如观看影片、阅读文章、案例分析、现身说法等多种形式和方法激发学生的兴趣，开启学生的情感之门，诱发他们的情感输出，激发学生产生情感共鸣，使之经常保持愉快、欢乐的情绪体验，进而形成健康的心理。

其次，教师要了解学生的心理需要、个性特长和实际能力，使不同层次的学生都能获得成功的体验，从而使他们产生愉快和积极的情感体验。比如，教师可以根据"最近发展区"理论来为学生巧设题目，从而让不同层次的学生均能获得成功的满足感。

最后，教师要经常走到学生中去，通过各种沟通方式全面、科学、深刻地了解学生的个性特点，研究学生的心理，知道学生喜欢什么、讨厌什么，想干什么、不想干什么，了解其人生观、价值观和世界观，使师生之间心理相容，进而创设民主、平等的关系，营造出温馨和谐的班级环境。

2.组织团体辅导活动

为了预防学生成瘾行为的发生，也为了帮助那些已经出现成瘾行为的学生，教师还可以有计划、有针对性地组织学生进行团体心理辅导活动，以帮助学生提升认识。

当诱惑成为"网事"——预防小学生网络成瘾团体辅导

一、团体暖身——寻找网络密码

1.课前师生互动

首先分为6人一组，每组选1名小组长、1名记录员。分发课前问卷。

2.课前约定

出示心理约定：认真倾听，积极参与，乐于分享，保守秘密。

3.热身小游戏——寻找网络密码

故事背景：我叫小唐，现在上小学五年级。父母给我买了一个台平板电脑让我上网课。今天是我第一天上网课，但是我并不知道电脑密码。妈妈说密码就藏在大屏幕的密码堆中，你们能帮我找找吗？

活动规则：

（1）密码堆是由"1、4、6、8"按顺序排列组成，里面藏着和"1、4、6、8"不同的数字，我们的任务就是找出不一样的数字，合在一起就是正确的密码。

范例：14685146814681468124681146814368

（2）活动时间为2分钟。

14681468146814681468146814698 1468

14681436814681468146814681468 1468

14681468146814681046814681468 1468

14687146814681468146814681468 1468

14681468146814628146814681468 1468

146814681468146814681468194681468

公布答案：930729。

问题1：你能够完成任务的关键因素是什么？

学生1：注意力高度集中，一行行看过去。

学生2：不看其他视频。

问题2：你为什么没完成任务？

学生3：其他视频的诱惑实在太大。

学生4：数字太多太小，太难找了。

学生5：时间太短，其他视频声音实在太响。

小结：在我们的生活中，视频是诱惑，游戏也是诱惑。今天，我们一起看看网络的诱惑。（出示课题：当诱惑成为"网事"——预防小学生网络成瘾团体辅导）

二、团体转化——漆黑的"网夜"

（一）陷入"网夜"的小唐

播放录音并在PPT中呈现案例的文字内容：知道了密码后，我开始了网课之旅。刚开始几天，我上课比较认真，觉得有了平板电脑真好，我可以通过它提交作业、听课、与同学联系，还可以培养好习惯，每天阅读打卡。后来我发现，可以一边开着钉钉，一边玩游戏，于是我就开始偷偷玩游戏，课也经常不听了。接下来，上课没几分钟就想玩，一玩就是几个小时，不玩就浑身不自在。

问题1：小唐刚开始是如何接触到平板电脑的？

学生：在家上网课期间。

问题2：为了玩游戏，他想出了哪些应对方法？

学生：一边听课，一边玩游戏，俗称分屏技术。

教师：小唐向网络诱惑低了头。面对网络诱惑，我们又会有什么反应呢？课前我们做了份调查，请同学们拿出调查问卷，统计总分。

教师：请同学们闭上眼睛，根据老师的指令行动，老师说睁开再睁开。请总分20分以下的同学举手，请总分在20~30分的同学举手，请总分大于30分的同学举手。

结果分析：如果总分小于20分，为普通网络用户；如果总分20~30分，为有网络依赖倾向；如果总分大于30分，为可能患有网络依赖症。

小结：老师观察到，我们班有一部分同学存在网络依赖的现象。当然，问卷的结果不是绝对的，只是一个参考。网络已经侵蚀我们的生活，它在给我们带来便利和好处的同时，也给我们带来了一些困扰。

（二）网络依赖的危害

播放录音并呈现案例中的文字内容：现在，复学已有半年了，上课时我还会想着游戏，注意力不集中，放学回家就想找平板电脑。爸爸妈妈问我干什么，其实我已经听见他们在叫我，可我就是不想理他们。我和爸爸妈妈的关系越来越僵，学习成绩开始下滑，我好像陷入了漆黑的"网夜"中，不能自拔……

问题1：沉迷于网络给小唐带来了哪些不利影响？

学生：注意力不集中，人际关系变差，成绩下降。

问题2：网络依赖还会有什么危害？

预设：视力下降；情绪不稳定，易发脾气；具有攻击性，变得有暴力倾向；记忆力下降；得了脊椎病……

问题3：如果网络依赖变得更严重了呢？会变成什么样？

学生：网络成瘾。

小结：如果网络依赖更严重，可能会达到网络成瘾的地步，这是一种精神疾病，需要入院治疗。

三、团体工作——走出"网夜"的小唐

问题1：小唐为什么会陷入"网夜"中无法自拔？

学生：外界网络诱惑很强；享受游戏带来的放松；游戏升级后的快乐；不需要动脑；很多同学都在玩……

问题2：有没有同学在用手机查资料时，能忍住不点开游戏软件？你运用了什么方法？

学生：我可以忍住不点开游戏软件。我每次都会设定时间，时间一到，我就马上关掉手机，我的自控力还是非常强的。

教师：这位同学的自控力很强。自我控制能力是指个体为坚持长期目标而抵抗内部欲望和外在诱惑的能力。

问题3：外在的网络诱惑能完全清除吗？能让电子产品完全消失吗？

学生：外在网络诱惑不能完全清除，电子产品也不能完全消失。

小结：当然，电子产品还是有一些好处的，它缩短了人与人的距离，给我们带来很多便利。面对网络诱惑，我们需要做的是提高自控力。而提高自控力的关键在于抵抗内心想玩电子产品的欲望，设法减少外部的网络诱惑。

（一）走出网夜的"小唐"

过渡：如果你真的很想玩电子产品，可以通过哪些方法解决呢？下面进行小组讨论。

活动规则：（1）小组讨论提高自控力的方法，记录员以简要的语言记录，并备注是哪位小组成员想出的方法；（2）以自己喜欢的方式汇报或表演；（3）时间为3分钟。

学生分享（下面是大家想到的具体方法）：

他人监督：如果你的自控力较差，很难说到做到，那么你可以求助他人监督提醒。

替代活动：当你强烈地想玩电子游戏时，请你起身离开这个房间，去外面活动或做自己感兴趣的事情，比如运动、阅读、练习乐器、和朋友们玩耍聊天。

减少干扰：拿走干扰物品，或离开有干扰的环境，学会远离电子产品。

限制时间：设定手机使用时间，防止沉迷于网络游戏，管控上网的时间和内容。

思维叫停：当你已经超出预设时间，还是非常想玩网络游戏时，对自己说"一、二、三，停!"，直到关闭电子产品。 （与同桌一起练习"一、二、三，停!"）

自我奖励：如果成功地控制或减少了自己想要玩电子产品的行为，给自己一定的奖励。当然奖励不能是电子产品。

少玩升级类游戏：多玩一局一局的休闲小游戏，玩完一局随时可以停。

设立无电子产品日：跟父母约定好，每周设一天为无电子产品日，除了接听电话，谁都不可以拿手机、平板电脑等电子产品，体验生活中除网络游戏外的其他乐趣。

小结：谢谢大家的真知灼见。相信经过大家的帮助，小唐能够提高自己的自控力，摆脱电子产品的控制。其实，帮助小唐就是帮助我们自己。

（二）当诱惑成为"往事"

活动规则：（1）忆一忆：回忆自己过去曾经被网络诱惑的事例。（2）想一想：现在的你会采用哪些方法提高自控力。（3）绘一绘：用你喜欢的方式，把提高自控力的方法绘制在学习单上，时间为6分钟。

学生分享（略）

小结：其实网络是把双刃剑，里面有很多值得我们学习的事物。如果我们提高自控力，适度使用网络，相信你会从网络中有所收获。

四、团体结束——当诱惑成为往事

学生们分享收获。

学生1：原来网络依赖有那么多危害，能危及健康，还会影响人际关系，影响学习。

学生2：提高自控力是王道，今后我要试试思维叫停的方法，提高效率。

小结：今天这节课，我们知道了网络依赖的危害，以及面对网络诱惑，提升自控力的方法。

总结：相信各位同学在未来能够掌控好自己的人生，提高自己的自控力，学会理性对待网络，让网络为我们所用，而不是被网络操控。希望大家都能找到适合自己的健康的休闲放松方式！让网络诱惑成为往事，随风而去！①

---

① 案例来源：龚子捷. 当诱惑成为"网事"：预防小学生网络成瘾团体辅导. 微信公众号：心渠活水（xljkzz）.

上述案例就是以团体的形式开展的心理辅导课。学生和老师在一种相互支持的团体氛围中，建立心理联结，在积极正向的班级动力中通过活动体验、讲授指导、影视赏析、情境体验、团体讨论相结合的方法，反观自己的网络使用情况，认识过度使用电子产品的危害，提高自我控制能力，学会有计划、有目的地使用电子产品。

专题八
早恋行为心理及对策

　　早恋是一种失控的行为，是一种学生在青春期的理想观、价值观的暂时迷失，是一种不规范的、具有反叛性的思想和心理品质。教师只有明确学生早恋行为的特征，分析其背后的心理因素，才能采用恰当的方法与措施，给予早恋的学生以科学的引导。

主题 1

早恋行为的典型表现

早恋一直是社会关注的焦点。而在中学生群体中，早恋现象尤其明显。具体来说，中小学生早恋有哪些类型，具有怎样的特征和典型表现呢？

一、早恋的类型

早恋是指 18 岁以下的青少年建立恋爱关系或对他人产生爱意的行为。青少年早恋有很多类型。

1. 爱慕型和好奇型

下述案例中，小 W 对小 A 的情感就属于早恋。这种情感首先是小 W 好奇心，其次是基于对小 A 所萌生的爱慕之情。

小 W 是一名性格内向的初一男生，从网络上和图书中，他看到了很多少男少女谈恋爱的故事，因此心中对这种朦胧的情感充满了好奇心。班上的同学小 A 是一个开朗的女孩，不但能歌善舞，而且待人热情。自第二学期以来，小 W 就对小 A 产生了一种朦胧的情感，因此每天学习的时候心不在焉，目光总是不受控制地追逐她的身影，她在教室的任何一个角落，他都能感受她的存在。在他的心目中，小 A 就是"女神"，因此不可遏制地妒忌与她接近的同学。因此，小 W 心神恍惚，学习成绩急转直下。

专题八　早恋行为心理及对策

什么是爱慕？爱慕是一种与爱相关的、被他人强烈吸引的有表现力而快乐的特殊情感，是一种人与人之间的强烈倾慕。青少年之间因为爱慕产生的早恋现象，可以分为仪表型、专长型和品性型。仪表型早恋是基于对方外在的仪表而产生的，专长型是基于对方的能力专长而产生的，品性型是基于对方的优秀品性而产生的。

好奇，泛指对自己所不了解的事物觉得新奇而感兴趣，充满新鲜感。青少年由于生理发育和性成熟，很容易产生性冲动，对异性变得很敏感，渴望了解异性的心理和生理，了解异性对自己的态度。为了满足这种好奇心，想结交异性朋友，从而出现早恋行为。这是基于对异性强烈的好奇心，是随着性意识的发展而自然产生的一种心理现象。

2. 模仿型和从众型

案例中小杨和小杜的早恋，就是小杨对老同学都谈恋爱的从众心理，而谈恋爱的举动则是模仿影视剧中的行为及情节。

小杨是一名高一男生，性格内向，不善交际，学习成绩处于中等水平。小杨和之前的几个老同学聚会时。老同学聊起了恋爱的话题。让小杨羡慕的是，有的同学竟然谈起了恋爱，听他们讲述着恋爱经历和感受，小杨很好奇，这究竟是一种怎样神秘的情感，竟然让自己的几个老朋友发生了那么大的变化。正好同桌小杜是一个温柔可爱的女生，于是小杨就在老同学的怂恿下给小杜写了情书，两个人模仿着影视剧中的情侣每天出双入对，谈起了恋爱。

模仿是指个体自觉或不自觉地重复他人的行为的过程。模仿型早恋是看到他人的行为而产生的早恋现象。这里的"他人"一般来自社会生活、影视作品和文学作品。

从众则是指个人在知觉、判断、认识上表现出符合公众舆论或大多数人的行为方式。从众型早恋是指迫于周围人的压力而产生的早恋现象。这里的"周围人"是指青少年所处的同年龄群体。

3. 愉悦型和补偿型

在下面这个案例中，小双和小枫的早恋就是由于双方在接触过程中体会到了情感的愉悦而发生的。同时，从小双的角度来看，这种早恋又弥补了父母对她关怀甚少所造成的情感上的缺失，又可以说是补偿型早恋。

小双是一名初二女生，学习成绩好，聪明温柔，招人喜欢。一次下雨路滑，她不小心扭伤了脚。隔壁班的男生小枫刚好路过，将她送到医务室上药。下课后，小枫又到教室帮小双拿书包并陪她回家。一路上，他们谈流行歌曲、谈电视剧，又谈学习、谈班里的事，最后竟谈到自己将来的打算。两人感到非常愉快，竟然有相见恨晚的感觉。从此以后，两人经常聊天、视频，一起讨论学习。在不断接触的过程中，小双感到温暖和踏实。由于父母经常出差，小双经常是一个人在家，许多心里话没人倾吐，内心特别孤独，小枫的出现让她感受到像大哥哥一样的温暖和关心。慢慢地，二人上学一块儿来，放学一块儿走，时间长了就谈起了恋爱。

愉悦型早恋是指为了获得愉悦的情感体验而产生的早恋现象。青春期男女之间的密切交往，往往会给双方带来愉快的体验，这种愉快的体验会进一步促进青少年之间的密切交往，逐渐转变为早恋。

补偿型早恋是指为了获得感情补偿和排解受挫的情绪而产生的早恋现象。这里的补偿指的是情感补偿，是指青少年在学业上或感情方面受到挫折时，或出于争强好胜的心理，或为了摆脱感情创伤，就想用早恋的方式排遣受挫的情绪，从异性那里获得感情补偿。

4. 逆反型和病理型

逆反是一种心理现象，是个体对事情所做的反应与他人的意愿或大多数人的反应完全相反。青少年最典型的逆反心理就是"你们不许我这样做，我偏要这样做"。

　　一天一上班，W老师就接到学生小敏妈妈的电话，说女儿早恋了。W老师认为不可能，因为小敏是一个相当理性的学生，清楚自己要什么，而且未来的发展目标明确。到学校后，没等W老师找小敏，小敏就主动找到W老师，向她坦白了自己的早恋。原来，小敏和小浩是小学同班同学，六年的小学生活中，二人一个是班长，一个是副班长，都是班级的学习尖子，加之班级工作中接触较多，比较熟悉。进入初中后，两人虽然分在不同的班级，但老同学的情谊没变，经常视频聊天，讨论问题，交流学习经验，有时还会互相八卦一下各自班级的事情。时间一长，小敏的妈妈就认为二人在谈恋爱，经常旁敲侧击地提醒。小敏解释了很多次，妈妈都不相信，甚至有几次看到小敏和小浩聊天，大发脾气。小敏一气之下，就和小浩真的谈起了恋爱。小敏哭着对W老师说："反正没谈也被看作谈了，还不如就谈一谈。正好从来没谈过恋爱。"

　　在逆反心理的驱动下，青少年因为家长或教师的反对而做出的早恋行为就是逆反型早恋。这种早恋的突出特点表现在从正常的异性相处发展到早恋关系的快速性。

　　除了逆反型早恋，病理型早恋也是青春期早恋的特定种类。这是由于身体的激素影响或者患上了生理上的疾病，一些青少年的身体出现早熟的现象，或是心理早熟，或是性变态心理，由此发生早恋行为。

二、早恋的典型表现

　　早恋是青涩的果子，这颗果子之所以又青又涩，是因为它是在不该结果的季节出现的，是青春萌动期所特有的，是叛逆心理和环境影响下所产生的。一般来说，它具有以下典型表现。

1. 频繁的短信交流和微信聊天

随着经济的发展和信息时代的出现，现在的学生基本上是在手机和电脑等数字设备的陪伴下成长的，因此手机和电脑是他们的"第二生命"。手机和电脑不但可以供学生搜索资料，还因为各种即时聊天软件的存在，用于人际交流。学生是否早恋可以从其手机和电脑的使用频度中发现。

青春期的学生恋爱，一般是从讨论喜欢的话题开始的，因此手机或电脑聊天是他们交流感情的方式。处于早恋中的学生，会将手机和电脑作为传情工具，经常互发短信、微信，甚至视频聊天，且达到废寝忘食的程度。他们关注对方的一举一动，就算是夜深人静还会疯狂地发消息聊天。

需要注意的是，当学生出现这样的举动时，要注意观察而不是擅自下定论，因为有些学生开朗健谈，天生就喜欢和别人交流，因此经常发消息聊天。但是，如果使用频率和时长特别高、无法控制，甚至到了欲罢不能、耗时过长的程度，那么教师和家长就要高度关注。

2. 过度关注外表和服装

处于早恋中的学生会格外在意自己的外表和衣着。如果一个平时不太关注自身形象的学生，突然开始过度关注自己的衣着打扮，那么教师就要注意这种变化背后的动向，有可能学生有早恋的倾向或者正在经历早恋期，想要变得更加漂亮或帅气，以吸引自己的暗恋对象。

需要注意的是，"过度关注"要注意"度"。如果学生出现了频繁换衣服、变换发型、强调外貌、化妆等情况，这或许也是其受周围人的影响的结果。因为毕竟爱美之心人皆有之，获得他人的关注和赞美，拥有更好的形象，是人之常情。一旦学生对这些关注变得过度，达到不顾及学业和身心健康的程度，比如上课期间照镜子，看自己的表情美不美，那么就需要注意。

3. 极度依赖对方

如果教师发现两个异性学生在一起，一方会因为对方不在身边而心情不佳，遇或到开心或不开心的事情都想和对方分享，而不是找父母或同性好友，经常向对方诉苦，甚至为对方放弃学业等，那么就要注意此时二人可能陷入早恋之中。

4.购买同款物品

早恋的学生总试图为双方间的关系打下烙印，让双方建立情感联结，于是经常可以看到双方穿情侣装，用情侣手机壳，背情侣背包等现象。如果学生突然对以上物品产生兴趣，很可能是他（她）正在经历早恋期。

5.成绩下降，情绪变化大

如果学生上课走神儿发愣，没有心思听教师讲课，考试成绩突然下降，那就要留意观察其是否在早恋；早恋的学生会在上课的时候走神儿，如果是同班同学的早恋，他们会在上课时互相眉目传情，或者当一方站起来回答问题或走动时，另一方或是不由自主地盯着对方，或是不好意思地低下头，此时就要关注学生是否早恋了。

因为青少年学生性格不成熟，会经常产生一些矛盾，因此如果学生早恋，会随着感情的变化而在情绪上有所体现，比如突然之间发脾气，但没一会儿又突然高兴起来。再结合学生的举动，比如这种情绪的变化是伴随着一个电话或一条信息发生的，那么就可以判断他（她）在早恋。

主题 2

缺失的爱，早恋传达的信息

早恋不仅会让学生的学习受到影响，也会让孩子对情感的判断变得不明晰，甚至陷入情感的误区。从心理学角度来看，学生早恋现象的背后是因叛逆、补偿心理，以及对爱与归属的需求等诸多心理因素所引起的。

一、青春期叛逆

青春期叛逆，是指青少年进入青春期后发生的一段心理过渡期。处于这一时期的青少年学生，独立意识和自我意识日益增强，迫切希望摆脱成年人，尤其是父母的管束，因此会出现叛逆行为。

1. 青春期叛逆行为

青春期叛逆行为，本质上是青少年内在人格形成过程的外在呈现，是一个本能在不断地尝试、挣扎、对抗、摇摆中逐渐明确自我意识边界的过程，在此之中建立相对稳定的事物认知和自我认知。如果家长在这一时期反复告诫孩子，用话语恐吓孩子，则孩子更易做出早恋的叛逆行为，以此向家长抗议。

2. 青春期叛逆心理

青春期的青少年学生正处于生理和心理变化的显著时期，独立意识强，表现欲望高，喜欢标新立异，遇事总想发表独特的见解，做出异乎寻常的举动，期待能引起别人的注意，显示其独立的个性。这就决定了他们在遇到事情的时候，极易情绪化，从而做出与成年人期望相反的举动，以昭示自己的成长和独立。

3. 早恋：叛逆心理的体现

青春期是青少年人格发展的重要时期，如果此时家长出现过分的压制或纵容，则易引发学生的早恋行为。

一是家长对孩子过度打压，体现了家长对孩子的控制。这样的控制与此时孩子渴望独立的意识相冲突，从而使其产生严重的逆反心理，进而逐渐走向家长期待的反面。换言之，就是家长的期待越高，孩子的表现越坏。如果家长总是反复叮嘱不要早恋，那么孩子更容易早恋，原因就是孩子想以此坚持自己的信念，尝试新的可能，以显示自己的坚强和独立。

二是家长对孩子过度纵容。如果家长对孩子过度纵容，那么孩子极易以自我为中心，无视他人的利益和界限，形成恣意妄为、自私自利的个性特点。这种个性特点决定了他们一旦受到外界的诱惑，如他人的怂恿、媒体的宣传，就会我行我素，陷入早恋之中。

二、青春期半熟心理

青春期半熟心理，是指这一时期青少年在心理上处于带有成年人的成熟感及孩子的幼稚性的状态。要想理解这种半熟心理对早恋的影响，就要深入探寻半熟心理的含义。

1. 半熟心理的表现

成年人的成熟感主要表现为他们基于身体的快速发育及性的成熟，对成熟产生了强烈的追求和感受，进而在对人或事的态度、情绪情感的表达方式以及思想行为的方向等方面都变得相对成熟起来，给人一种大人感。同时，他们在行为和心理上表现出希望社会、学校和家长能给予他们成年人式的信任和尊重。

孩子的幼稚性主要表现为其认知带有很大的片面性及表面性，思想方式不像成年人那样具有逻辑性，情绪体验不如成年人深刻而稳定，对压力的承受能力不如成年人，克服困难的意志力也不如成年人，其社会经验相比于成年人也十分欠缺，不能应付千变万化的实际情况。

2. 早恋：半熟心理的体现

青春期的青少年，其心理的半熟性使得他们渴望拥有成年人的经历、体验和感受，但他们又不想让自己幼稚的一面暴露出来，担心受到外界的指责和批评，于是就渐渐地将自己的内心封闭起来。这样一来，他们就会感到孤独和寂寞，希望能有人来关心和理解他们，希望有人能倾听心声。在这种情况下，如果遇到令女孩产生安全感或令男孩感觉温柔体贴的异性，让他们获得崇拜的异性，能与他们谈得来的异性，他们就极易对对方产生好感。而思想的不深刻性，又致使他们难以分清喜欢和爱，最终导致早恋。

三、爱与归属感的需求

人本主义心理学家马斯洛指出，人类有五种需要：生理需要、安全需要、归属与爱的需要、尊重的需要、自我实现的需要。各种需要的发展都是逐级进行的。青少年早恋现象背后的一个重要心理就是他们对爱与归属感的需要未能得到满足。

1. 归属与爱的需要提前

依据马斯洛的需求层次理论，青少年学生之所以出现早恋行为，主要是因为其生理需要和安全需要得到过早的满足，进而表现出对归属与爱的过早的追求倾向。

马斯洛在《人的潜能和价值》中指出："假如生理需要和安全需要都很好满足了，就会产生爱、情感和归属的需要……这时他希望得到爱胜于其他东西。甚至可以忘掉那些曾经得到的东西。当他饥饿的时候，他把爱看得次要了。"随着社会经济的发展和物质生活水平的提高，许多青少年学生的生理需要和安全需要都可以较早地得到满足。因此从整体来看，他们对归属感与爱的需要就呈现出提前的趋势。

因此，出现早恋现象的学生，反而是家庭条件较好、经济较宽裕或优越感较强的学生。他们无须考虑基本的生存问题，无须担心自己的前途和未来，而这就为他们追求归属与爱创造了物质和心理条件，也让他们对与异性交往产生了更加强烈的渴望，因此就较容易出现早恋倾向。

2. 归属与爱的需要缺失

同样依据马斯洛的需求层次理论，当爱与归属感缺失时，个体就会自然而然地表现出寻求归属与爱的倾向。当前，相当多的父母因为忙于工作，忙于赚钱，对孩子的成长和生活关心不够或忽视了孩子的情感需求，当孩子的情感需求得不到满足时，他们就会缺乏安全感、归属感与被关爱感，进而到周围去寻找。而这种感觉比较容易从异性那里得到满足，这也是青少年容易出现早恋现象的重要原因之一。

主题 3

这样处理，正确引导学生的早恋行为

著名教育家苏霍姆林斯基在《爱情论》中提到："人到了青春期，提出爱情问题，仿佛是声明自己有权得到人的幸福。对每句话抱着富有同情心的、周到的、关切的态度，是教育者们神圣的职责。"当学生出现早恋行为时，教师要在认识到学生早恋行为背后的心理需求的前提下，更新教育观念，科学对待学生的早恋现象，给予学生科学合理的引导。

一、强化教育

教师要认识到学生早恋背后的心理需求，运用多种途径和方式，对青少年进行相关教育，普及心理学、道德和法律等方面的相关知识，向其提供足够的心理健康管理知识，为其揭开性与恋爱的神秘面纱。

1. 主题班会教育

教师可以利用主题班会，让学生就早恋进行讨论和学习，认识到早恋的危害，掌握预防早恋的策略，以及与异性交往的方式，从而顺利地度过学生时光。

"预防早恋"主题班会

主持人引题：

早恋是一朵不结果实的花，对我们的学习和生活造成了很大的影响，时刻敲响早恋的警钟，防微杜渐，避免发生意想不到的事件。"预防早恋"主题班会现在开始。

1.早恋的危害

展示课前准备好的因早恋引发的负面案例，小组讨论归纳早恋的危害。

（1）为对方购买礼物去抢劫，走上违法犯罪道路；

（2）争夺异性朋友，争风吃醋、斗殴危害他人的生命健康。

学生发言：荒废学业，损害健康，违法犯罪，葬送前途，扭曲人格。

2.预防早恋的策略

展示课前准备好的预防早恋的成功案例，小组讨论归纳预防早恋的策略。

学生发言：把精力放在学习上，与异性同学正常交往，与异性同学真诚友爱，抛弃对异性同学的私心杂念，学会拒绝异性同学的示爱，出现困惑寻求教师、父母帮助指导。

3.什么是爱情［播放电影《泰坦尼克号》片段（小组讨论）］

爱情其实就是一种生活。与你爱的人相视一笑，默默牵手走过，无须言语，不用承诺。

爱情其实就是一种责任。

爱情其实就是一种缘分。

爱情其实就是一种人生。

相濡以沫，不离不弃，挽着你的手，风雨一起经受。

4.如何对待异性交往（小组讨论）

学会和异性正确相处；学会提高自身的素养；学会包容和关心。

5.远离早恋，拒绝早恋倡议书签名活动

（大家在黑板上签名，拍照片存档纪念）

6.班主任、教师代表发言（寄语、感言）

2. 学科教学渗透教育

教师可以借助生物、科学、语文、历史等学科教学的机会，将性教育的相关知识融入其中，在揭开性的神秘面纱的同时，让学生正确认识性，端正态度，科学理性地对待早恋。

某高中生物教师在教高一"性激素"的内容时，用专题讲座的形式给学生普及了一些性知识，比如月经产生的原因，遗精是怎么回事，青春痘产生的原因及预防等。于是，来自不同初中的学生获得了统一的性教育，了解了一些常识性的生理知识，为消除性的神秘感打下了基础。

3. 心理健康课教育

教师还可以利用学校或社会资源，组织心理健康课，让学生正确认识早恋现象背后的真正心理，使学生能认清早恋的本质，避免陷入早恋的误区。

某教师在初二开学初，结合本班的实际情况，组织了以"笑迎花季，正确看待早恋"为主题的心理健康教育专题讲座，旨在引导和教育学生把握好男女交往的尺度，顺利地度过青春期。讲座在现场问卷调查中拉开序幕。随后，主讲教师结合自身实际，给学生讲了两个有关早恋造成悲剧的真实故事，让学生对"早恋"问题足够重视。在讲解过程中，针对如何避免早恋问题，教师组织学生讨论相应的处理策略，并提醒学生一定要积极寻求教师和家长的帮助。同时，教师针对"当自己收到求爱信息或者对异性萌生爱意时"这类特定情况，指导学生可以采用转移法、冷处理法和搁置法处理。这次活动既开展了青春期健康教育，又有效地帮助学生解决了在青春期生理、心理上的困惑与烦恼，为花季的学生快乐健康地成长打下了扎实的基础。

二、给予科学引导

某教师一次无意间和学生交流，问学生为什么会喜欢某一位男孩子或者女孩子，学生给出"因为他学习好""因为他会武术""因为他长得帅"等诸如此类的答案。由此可见，学生的早恋现象与成年人观念中的恋爱现象不同，更多的是出于钦佩、爱慕或好奇心理，其动机是单纯的。

因此，当学生出现早恋现象时，不要大惊小怪，更不要一味地打压，而是要了解实际情况，在尊重学生人格的基础上，倾听其心声，继而根据具体情况，运用科学的方法加以引导，使其身心朝着更加积极的方向发展。

1. 早恋出现苗头时

当学生出现早恋的苗头时，是非常敏感和紧张的，此时教师既不要嘲笑，也不要给其贴上"坏学生"的标签，而要在尊重学生隐私的前提下，积极倾听，认真观察，在尊重学生的感受和需求的同时，通过和学生交流，了解其真实想法和情感需求，帮助他们树立正确的恋爱观。

某初二男生，成绩优异，立志考上清华大学。这名品学兼优的学生，很受同学们和老师的喜爱。一天放学回家，他执意与班主任同行。走到半路，他吞吞吐吐地向老师坦言自己早恋了。随后，师生进行了如下对话。

学生：老师，我喜欢上了一个女生，这几天，我多次向她暗示。可是，她理都不理我，我精神都恍惚了。我该怎么办？我计划明天向她明说，您说行吗？

教师：你先说说看，你喜欢哪位同学了？

学生：我喜欢某某某（班级中的文艺委员，能歌善舞，成绩优秀，表现非常好）。

教师：你真有眼光，老师也觉得她是一位非常优秀的同学。老师问你，你觉得她哪些地方好呢？

学生：她漂亮、团结同学、有才能、乐于助人……

教师：爱情虽好，但老师觉得你也没有到尝试爱情的时候。据我所知，你的志向是上清华大学，但是恋爱是需要用时间来谈的啊。而现在的你又有多少时间能够用来谈恋爱呢？

学生：我可以努力抽出时间，保证不会耽误学习。

教师：我们一起设想一下现在的情况：你已经向她暗示了好几次了，她都没有理你，可能存在两种情况。

第一，她根本就不喜欢你。女孩子比男孩子要成熟，你的行动在她看来，可能非常有些幼稚。如果你明天向她表白了，你是不是觉得你的感情受到冷落了？

第二，很有可能她也喜欢你，但你想一想，你是男孩子啊，你的责任很重。她那么优秀的一个小姑娘，肯定能考上一所好的大学。所以你要更加努力，实现自己的目标。哪一个女孩子会喜欢一个没有成就的男孩子呢？

2. 陷入早恋中时

当学生陷入早恋时，教师要认识到这并非一件坏事，关键是学生如何看待和处理。因此，教师要给予学生科学的引导，要在正确的时间和环境下面对它，使之不过分沉迷，能控制感情，不对学习和心理健康造成负面影响。

一位教师发现他的学生陷入早恋时，巧妙地向学生讲起家乡果园的事情。他说："我们村子周围有大片的果园，寒来暑往，春华秋实。有一年秋末冬初，我突然惊奇地发现，有些就要落叶的果树枝上竟然开出了一簇簇果花。不久，花谢了，居然也结出了山楂般大小的果子。可惜没过几天，霜冻就来了，叶落尽了，小果实也烂掉了。小时候，我每每捧着这些可怜的小果子发呆。后来，我才明白：不该开花的时候开花了，不该结果的时候结果了，是会受到自然规律惩罚的。今天，同学们中的一些事又引起了我的思索。你们是否也从中得到了一些启迪呢？"

除此之外，教师还要像案例中的那位教师一样，通过加强交流和引导，帮助学生了解自己的心理和行为，巧妙地提醒他们要做好自我管理，控制自己的感情。

三、家校结合

学生早恋问题的处理，并非教师一个人的独角戏，教师要注意与家长进行沟通，给予家长科学的指导，发挥家庭的作用，利用好家长的角色，给予学生科学的引导和教育。

1. 提醒家长关心孩子

教师要为家长分析学生出现早恋现象背后的原因，指出学生对爱与归属的情感需要，提醒家长对亲子关系和教养方式及时反思，要主动关心孩子的健康生活，在尊重孩子隐私的同时，不妨换位思考，理解孩子，给予孩子正确的引导，积极培养孩子的自制能力和自我保护意识。

2. 实施正确的性教育

教师要提醒家长，正视孩子的早恋问题，主动让孩子得到科学的性教育，消除孩子对性的神秘感，并告诉孩子早恋可能带来的伤害和危害，同时还要提醒家长平时细心观察孩子的情况，与孩子约法三章：比如女生不可以衣着太暴露，要符合学生的身份；不可以在公开场合谈论性的话题；规定晚上几点前要准时回家，以免孩子受到伤害。还要向孩子表明态度：爸爸妈妈是爱他的，会尊重他的选择，但不代表放任。

3. 组织健康的家庭活动，分散孩子剩余的精力

面对孩子的早恋现象，教师还要提醒家长认识到青春期孩子的特点，多花些时间陪孩子。建议家长组织健康的家庭活动，让孩子积极参加丰富多彩的活动，如打球、游泳、下棋等，分散孩子的注意力，使其旺盛的精力得到发泄，寻找到更加有意义和感兴趣的事情。

后　记

在编写本书的过程中，编者借鉴和参考了国内外一些知名专家的著作和研究成果，引用了一些教师的案例和文章，在此向所有专家、教师致以衷心的感谢！受沟通渠道所限，我们未能与所有作者都取得联系。敬请相关作者与我们联系，电子邮箱：taolishuxi@126.com。

编　者